インプロ

ワークショップの進め方

ファシリテーターの考えること

絹川友梨

インプロ ワークショップの進め方——ファシリテーターの考えること●もくじ

はじめに

「ワークショップ」という仕事をするようになって、二十年近くになります。正直言って「ワークショップとは何か」という疑問も持たずに、依頼された仕事に飛び込み、関わり、四苦八苦し、腹を抱えて笑い、時々頭も抱え、試行錯誤を重ねてここまで来ました。ここで自分がやっていたことをまとめ、一区切りつけたいと思って、この本を作りました。

現在、ワークショップの数は増えています。内容も対象者も多様です。ファシリテーターになりたいという人も増えていますし、ファシリテーターの養成も必要となってきました。「ワークショップ」の研究も進んでおり、さまざまな著作物も出版されています。ワークショッの定義についても、さまざまな議論がなされています。この議論は、まだまだ続きそうな予感です。少なくとも「ワークショップ的な場」は、これからもどんどん増えていくでしょう。

その際に、大きなネックになっていくのは、おそらくファシリテーターの質ではないかと、私は予想しています。

「ワークショップは誰にでもできる」という概念だと、おそらく不幸な目にあうんじゃないか。参加者が。――そんな危惧を感じています。

ある日。友人から激怒のメールがきました。ある「ワークショップ」に参加したところ、ファシリテーターたち（数人らしいです）のリードがあまりにひどくて、とても傷つき、面白くなかった。しかもこの感想は自分だけではなく、ほとんどの人がそう感じていて、ワークショップが終わった後に、みんなで集まり、「今のは、一体なんだったんだ！」としばらく話をしたというのです。普段は怒ることがあまりない穏やかな友だちの反応に驚きながら、理由を聞いてみました。

「別にユリさんには関係ないけど、ワークショップって、本当にファシリテートが大事だと思ったよ。どんなに面白いエクササイズでも、進め方によってぜんぜん違ったものになる。こころないファシリテートは人を傷つけるね」。友人の怒った理由は、ファシリテーターたちが、参加者を見下すような態度を取り、自分たちだけが楽しんでいて、参加者の気持ちを無視していたこと。自分たちが予定したプラン通りに進めようとして、参加者を無視していたところだったそうです。「それなのに」と、さらに彼は言います。輪をかけて彼を怒らせたのは、ファシリテーターたちがワークショップ後に、自分たちのブログに書いた内容でした。「参加したみんなが楽しそうで、ワークショップは大好評。大成功でした」と書かれていたのです。「最後の振り返りのコメントでも、アンケートにも、〝ひどかった。なぜこうしたのか？〟って言ったのに、まったく反映されていないんだもの」。私も確認しましたが、友人の言った通り、ワークショップは大成功だったなどと書かれていて、参加者に不満があったことは、これっぽっちも書かれていませんでした。

この認識のギャップは何でしょう？

ファシリテーターと参加者に生まれた、大きな認識のギャップ。

もちろんこの場合、ファシリテーターの進め方には問題があるでしょう。そしてそれ以上に問題視すべきなのは、ファシリテーターが参加者の気持ちに気づけなかったことです。

たとえば「ワークショップ」という存在を私たちが始めて知るのは、おそらく「参加者」という立場でしょう。そして「楽しい」と感じる。そうです。「参加者」から見るとワークショップは楽しいものです。

しかし「ファシリテーター」から見ると、決して「楽しい」だけとは言いきれないのです。参加者は主観的に楽しくていいのですが、ファシリテーターは自分が楽しいか／楽しくないかということ以上に、「参加者が楽しめるか」にココロを砕く立場なのです。

「ファシリテーターって何か簡単そう。楽しそうだし、私にもできるだろう」と思っている方々もいらっしゃるかもしれません。しかし実際は、なかなか難しい仕事です。正直言って、大変です！　常に「今起こっていること」にアンテナを張り巡らし、参加者の状態を感じながら、同時に目的や意図がずれないように、すこし先の進行を考えながら、止まることのない時間の中で、瞬間瞬間を生きながら、すばやく判断を下します。言葉のひとつひとつに、態度のひとつひとつに、細心の注意をはらいながら。

私は自分の作業を客観的に眺めてみて、ファシリテーターが複雑な思考で行動していることに気がつきました。個人的に「素晴らしいな」と思うファシリテーターの方々にインタビューしてみると、やはり同じようなやり取りを頭の中で行っているようでした。

「ワークショップとは何か」という定義は、まだまだ曖昧なものですが、私は「ワークショップ」の主役は参加者であり、ファシリテーターはあくまでも「進行役・産婆役」的な立場なのではないかと思っています。だからこそ「参加者」の気持ちに寄り添うことが大事ではないかと考えています。それは「ワークショップ」は参加者の「表現の場」であり、「表現」とは「自分をさらけ出す」ことであり、「さらけ出す」ことには「危険」が伴うからです。プロテクトされない、むき出しのこころは、デリカシーのない人の言葉や態度に簡単に傷ついてしまいます。一度傷つけば、そのこころは二度と開くことができなくなってしまうかもしれないのです。そこで、表現の場を安全な状態に守るのがファシリテーターの役割です。

特に初心者の表現は、ひよこが孵化する状態にも似ていて、か弱く、邪険に扱うと簡単に壊れてしまうようなものです。まず大事に保育してあげなくてはなりません。ファシリテーターが、この初心者の小さな表現に気がつかなかった場合、それは簡単に壊れてしまうかもしれないのです。ファシリテーターは、参加者を大事に扱う必要があります。少し育ってきて、外部からの圧力「批判的」なジャッジにも耐えられるようになるまでは。このような繊細な意識をファシリテーターは持つ必要があると思います。

さて、ここまでで「ファシリテーターは大変だ」ということを述べました。しかしこれだけで、ファシリテーターについて語り終えたわけではありません。同時に、ファシリテーターは「もの凄く面白い」ものです。それは、土を耕す農民と似ています。農家の人たちは、トマトそのものを作るわけではありません。トマトが育ちやすい「環境」を作るのです。そこには自然という、我々にはコントロールできない条件があり、それも含めて「育てる」を工夫しなくてはなりません。ファシリテーターも同じで、参加者が自主的に育つことのできる「土壌」を提供するのが仕事です。全てをコントロールはできません。むしろ参加者が自主的に伸びていけるような環境づくりを心がけます。そして、ファシリテーターの喜びは、農家の人たちが得る、自然からの恵みに対する喜びと同じです。参加者の弾けるような笑顔を見たとき、人々が自分らしく表現を楽しんでいる姿を見たとき、疲れは吹っ飛び、自分のことのように喜ぶのです。

それに加え、私がファシリテーションを楽しいと感じる理由は、「その場で、即興で関わることのスリル感」があります。どんなにプランを立てても、どんなに準備をしても、当日ワークショップの場に行って、参加者のみなさんと顔を突き合わせてみないと、本当にやるべき事は見えてきません。ドキドキしますが、プランはあえて完璧にしないで、その場で起こることに身を任せます。自分の直感に従って、目の前の参加者のみなさんに「最適であろう」と思われることを提供します。言葉がけについても、最善の注意をはらいます。全体のボリュームの中で、「今」をデザインしていきます。しかも決断は瞬時に行わなくてはなりません。「もし自分の直感が間違っていたら、どうしよう」と自分自身を疑っていると、判断自体が遅れてしまいます。疑うことなく、どんどん決断しないと、場に相応しい言葉がけをすることはできません。ワークショップを始めたころは、本当にどうなるかドキドキして、毎回胃が痛くなりました。体験を積み重ねていくと、自分の「成功」や「失敗」が積み重なり、ファシリテートもどんどん変化していきました。さすがに今では胃痛はしなくなりましたが、やっぱり始まりにはドキドキします。しかしそれは、嫌なドキドキではなく、「楽しみ！」のドキドキです。そして今でも、いつでもワークショップをやっている最中は、「参加者のみなさんの変化を見るのが楽しい」のです。

さて、そろそろ本文に入りたいと思います。いろいろなワークショップがあり、それと同じようにいろいろなファシリテーターがいて、それぞれにファシリテーションの仕方があると思います。これからみなさんにご紹介するのは、あくまでも、その中の一人の経験をシェアーさせていただくものです。お読みいただくと分かると思いますが、これからご紹介するのは決して唯一の「正解」ではありませんし、固定的な「マニュアル」ではありません。ただ少しでも、みなさんの今後の活動の「参考」にしていただいたり、スキルアップのヒントにしていただければ嬉しいです。

では、ワークショップをはじめましょう！

インプロ ワークショップの 実際

ワークショップ記録 &
ファシリテーターのための詳細解説

I

ワークショップ記録と詳細解説

自分らしくイキイキと！ インプロ・ワークショップ

このワークショップは、インプロ初体験者六名、経験者一名、講師一名で行われました。参加者はすべての人がまったくの初対面で、年齢も職業もバラバラでした。記録を公開することは事前に承諾をいただいて、お集まりいただきました。

ワークショップは東京都内の小さなスタジオで行われ、時間は四時間程度でした。

いつものワークショップでしているように、参加者には「呼んでほしいニックネーム」の名札を胸につけてもらっています。記録にも、そのニックネームで記載しています。簡単にご紹介しておきましょう。

■参加者

げんた　十代男性・高校生
りょうすけ　二十代男性・会社員
モモ　二十代女性・カウンセラー
コージ　二十代男性・役者志望
ジュン　三十代男性・会社員
くろちゃん　四十代女性・ＯＬ
まゆこ　二十代女性・インプロ経験者

次ページからは上下二段組みでお伝えします。

上段

実際にやったワークショップの実況中継です。ワークショップの実際の流れや、参加者とのやり取りを知りたい方はこちらからどうぞ！
エクササイズのバリエーションも、上段に記しました。

下段

用語の説明や、ファシリテーターが考えていたことなど、実況中継の裏側について知りたい方は、こちらです！

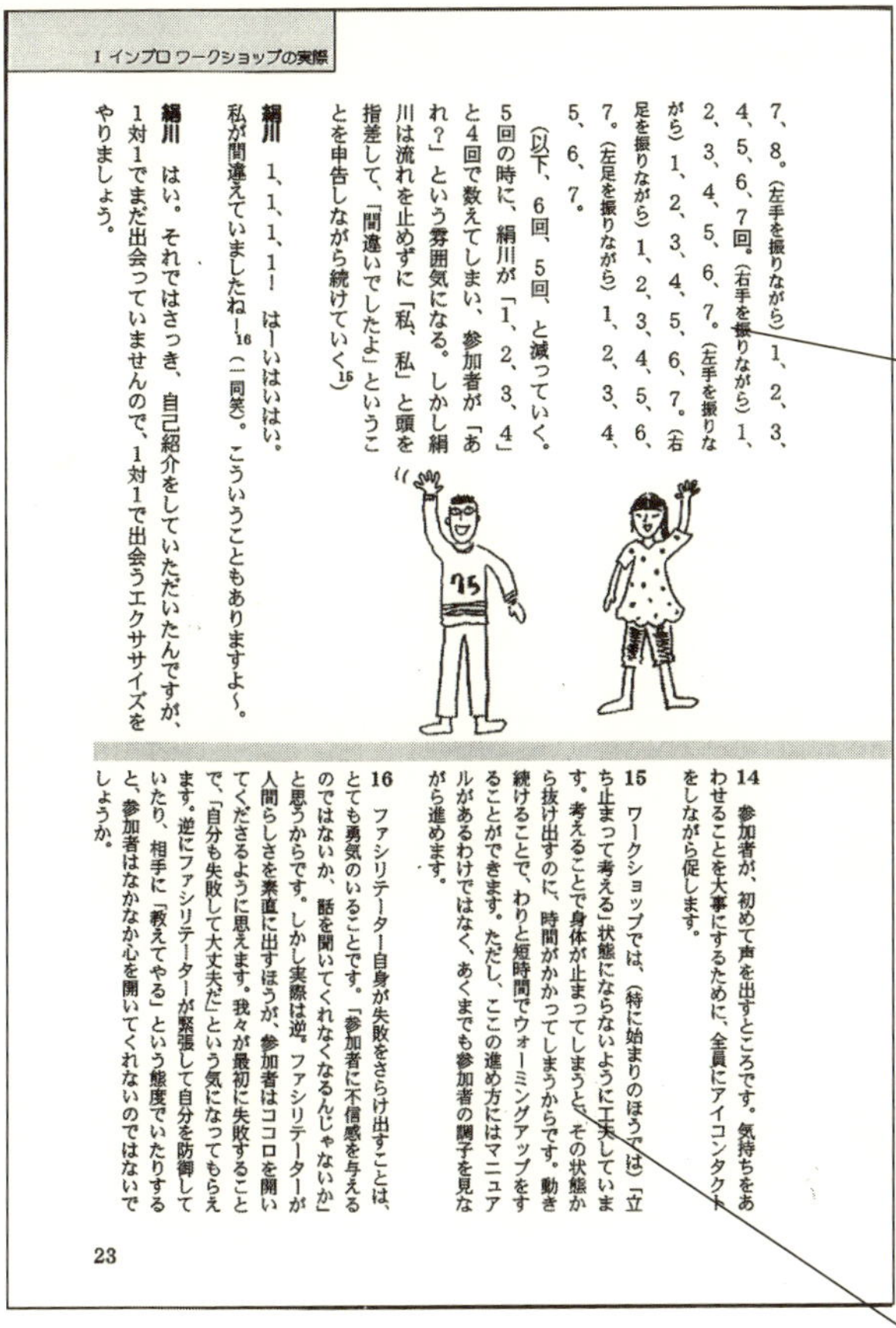
I インプロ ワークショップの実際

7、8。（左手を振りながら）1、2、3、4、5、6、7回。（右手を振りながら）1、2、3、4、5、6、7。（左手を振りながら）1、2、3、4、5、6、7。（右足を振りながら）1、2、3、4、5、6、7。（左足を振りながら）1、2、3、4、5、6、7。

（以下、6回、5回、と減っていく。5回の時に、絹川が「1、2、3、4」と4回で数えてしまい、参加者が「あれ？」という雰囲気になる。しかし絹川は流れを止めずに「私、私」と頭を指差して、「間違いでしたよ」ということを申告しながら続けていく[15]）

絹川　1、1、1、1！　はーいはいはい。私が間違えていましたね！[16]（一同笑）。こういうこともありますよ～。

絹川　はい。それではさっき、自己紹介をしていただいたんですが、1対1でまだ出会っていませんので、1対1で出会うエクササイズをやりましょう。

14　参加者が、初めて声を出すところです。気持ちをあわせることを大事にするために、全員にアイコンタクトをしながら促します。

15　ワークショップでは、（特に始まりのほうでは）「立ち止まって考える」状態にならないように工夫しています。考えることで身体が止まってしまうと、その状態から抜け出すのに、時間がかかってしまうからです。動き続けることで、わりと短時間でウォーミングアップをすることができます。ただし、ここの進め方にはマニュアルがあるわけではなく、あくまでも参加者の調子を見ながら進めます。

16　ファシリテーター自身が失敗をさらけ出すことは、とても勇気のいることです。「参加者に不信感を与えるのではないか、話を聞いてくれなくなるんじゃないか」と思うからです。しかし実際は逆。ファシリテーターが人間らしさを素直に出すほうが、参加者はココロを開いてくださるように思えます。我々が最初に失敗することで、「自分も失敗して大丈夫だ」という気になってもらえます。逆にファシリテーターが緊張して自分を防御していたり、相手に「教えてやる」という態度でいたりすると、参加者はなかなか心を開いてくれないのではないでしょうか。

23

絹川　今日はお集まりいただきましてありがとうございます。今日のワークショップは**『自分らしくイキイキと！　インプロ・ワークショップ』**というタイトルです。このワークショップをファシリテートさせていただきます。どうぞよろしくお願いします。普段は「インプロ」自体を教えるよりも、「インプロ」を用いて、なんらかの目的を達成するためのワークショップが多いのです。たとえば社会人対象にコミュニケーション能力を向上させるためとか、企業の方々を対象にプレゼンテーション・スキルをアップさせるためとか、俳優対象に演技力や柔軟性を養うためとか、教育者を対象に、参加者のモチベーションを上げるための手法とか。今日はめずらしく「インプロ」の基本的な部分を紹介するのが目的です。ただ、なかなかインプロというものは広く、また深いので、数時間ですべてを体得できるものではありません。アメリカやカナダでインプロを勉強する場合、たとえば週一回のワークショップだとすると、半年から一年または数年かけて、インプロを学びます。今回は初心者の方がたを対象に、一回で終わるワークショップですので、できるところまで、インプロのベーシックな考え方を紹介できたらなと思っています。

●まずは自己紹介

絹川　まず自己紹介します。絹川《きぬがわ》友梨《ゆり》。大学時代から演劇に魅せられ、

1「シアタースポーツ™」　シアタースポーツ™は、演出家のキース・ジョンストンによって創作された即興のショーのこと。初演はパンプハウス劇場（一九九七年）。即興プレーヤーで結成されたチーム同士が、点数を競い合う。しかしシアタースポーツ™は単なる構造ではなく、即興を行うための哲学でありアプローチである。(インターナショナル・シアタースポーツ・インスティチュート・ウェッブサイト　http://theatresports.com/theatresports/)

劇団に入り、演劇活動を開始。そこからず〜っと演劇畑で仕事をしています。一九九四年に「シアタースポーツTM」[1]が初めて日本に紹介されたときにワークショップに参加したのがきっかけで「インプロ」を知りました。最初の先生はオーストラリアのリン・ピアス先生[2]で、その後、カナダに住んでおられるキース・ジョンストン先生[3]、「インプロ」のメッカ、シカゴの「インプロ・オリンピック」のシャラナ先生[4]などからインプロを学びました。日本に帰ってきて、もっとインプロをやりたいと思い、「インプロ・ワークス」を立ち上げました[5]。今は日本や海外でインプロのパフォーマンスやワークショップを行なっています。世界で唯一の国際インプロ・グループ「オーカス・アイランド・プロジェクト」[6]のメンバーでもあります。今日は「ゆり」と呼んでください。よろしくお願いします。(拍手) では初対面の方々もおられると思うので、自己紹介をお願いします。お名前とワークショップに参加した理由、参加して得たいものを差し支えのない程度でいいので教えてください。

まゆこ　はい。まゆこです。今日は基礎的なことを、しっかり身につけたいと思います。よろしくお願いします。(拍手)

コージ　「コージ」です。新鮮な気持ちを、たくさん持って帰りたいなと思っています。よろしくお願いします。

絹川　お願いしま〜す。(拍手)

2 リン・ピアス　演出家、女優、インプロバイザー、教師。オーストラリアで一番有名なインプロヴィゼーションの教師である。オーストラリア国立演劇学校、シドニー大学、マーキュレー大学、ニューイングランド大学などで、インプロヴィセーションを教えている。(http://www.improvisation.com.au/tutor/30)

3 キース・ジョンストン　もとロイヤル・コートシアターの演出家、戯曲作家。国際的に有名なインプロヴィゼーションについての専門家。シアタースポーツTM、マエストロ・インプロ©、ゴリラシアターTM、ライフゲーム©を創作した。(http://www.keithjohnstone.com)

4 シャラナ・ハルフェン　シカゴのインプロ劇団「インプロ・オリンピック(ImprovOlympic Theatres)」の主宰者のひとり(もう一人は、インプロのグルと言われたデル・クローズ)。たくさんのパフォーマーや作家をテレビや映画に輩出している。一九九七年にはLAにも劇場をオープン。(http://ioimprov.com/chicago/)

5 インプロワークスのホームページ　http://www.impro-works.com

6 オーカスアイランドプロジェクト　https://www.facebook.com/OrcasIslandProject

げんた　「げんた」です。よくわからないまま……
絹川　はい。
げんた　来たので、何か、何か持って帰れたらいいなと……思います。
絹川　お願いしま〜す。（拍手）
モモ　「モモ」です。「楽しかった！」という気持ちと、いつもと違う頭を使ったなっていう感覚を持って帰りたいです。
絹川　なるほど〜。はい、ありがとうございます。
ジュン　「ジュン」です。インプロは初めてなんですけれども、これを通じて表現力が少しでも豊かになればと思っています。
くろちゃん　「くろちゃん」と申します。インプロのことはホームページも読まずに来てしまったので、
絹川　ははは。[7]
くろちゃん　インプロがどういうものなのか知りたいと思って来ました。よろしくお願いします。
絹川　お願いします。（拍手）
りょうすけ　「りょうすけ」です。インプロあまりよくわかってないんで、体感して感覚的になって、わぁっとね、こう楽しくなって帰れたらいいなと思っています。よろしくお願いします。
絹川　よろしくお願いします。（拍手）

●インプロとは？

7　参加者のひょっとするとネガティブに受け取れそうな発言でも、前向きに受け取ります。
参加者のコメントに対して心がけていることは、ファシリテーター（この場合、わたし）にとって都合のいいことだけを受け取ったり、都合の悪いところを無視・否定したりしないで、参加者の発言に対して、できるだけ受け止め、リアクションすることです。参加者の意見を尊重するという意味合いがひとつ。また参加者の質問に対して、「ファシリテーターがどのように受け答えするか」は、質問した人だけではなく、それを聞いている参加者全員に見られています。もしここでわたしが否定的・批判的な回答をしたら、参加者は「キヌガワさんは、自分と違う意見を受け入れない人なんだ」と判断し、「ファシリテーターが気に入ること」しか発言しなくなるでしょう。ワークショップでは、参加者が自分が感じたことを正直に表現することが大事ですから、その雰囲気づくりのためには、ファシリテーター自身の態度もそうあるべきだと思います。ファシリテーターの受け答えやリアクションが、ワークショップ全体の価値観の基準を決めます。

絹川　さて皆さん、インプロは初めてということですので、まず「インプロとは何か」を簡単に説明しますね。いつものワークショップではスライドは使わないのですが、今日は特別です。[8]

【スライド❶ インプロとは?】 インプロとは英語でimprovisation。インプロヴィゼーションという言葉を短くしたもの。ニックネームみたいなものですね。たとえば山本くんを「山ちゃん」って呼ぶような感じでしょうか（笑）。日本語に翻訳すると「即興」「即席」という意味。これだけだと、とても広い意味ですね。日常生活の行動はほとんど即興ですし、計画を立てて行動をしているつもりでも、予定外のことが起こって、予

【スライド❶】

インプロとは

・インプロヴィゼーション（improvisation）の略
・日本語では「即興」という意味
・音楽・ダンス・演劇・美術等の表現手段
・リハーサルなし！　その場で表現する

◎価値観の違いを認め、受け入れあい
　今の瞬間に生き、共に創造する状態

8　自己紹介が終わったら、ホントウなら、自分が予定していたエクササイズに取り掛かりたいところです。しかし、最初に参加者から聞いたリクエストや、参加者の気持ちはかならず尊重するようにしています。今回は、「インプロ」について知らない人が大半だったので、その状態を受け取って、インプロの説明をすることにしました。

定を変更することも多いと思います。そういう意味では「人生は即興だ」とも言えます。しかしここでは芸術分野においにおける「即興」として使います。演劇、音楽、美術、ダンスさまざまな芸術表現の手法として、即興は使われています。そもそも記述という文化が起こる以前の芸術は、ほとんどが「即興」で行われていたので、芸術における「即興表現」は「芸術の源泉」だとも言えましょう。楽譜という習慣が生まれる前は、すべて「即興」でした。ベートーベンはピアノ即興演奏の名人だったと言われています[9]。今ではジャズやインド音楽は即興で演奏されています。アートではドローイングなどは即興で行われます。日本でも古くから「即興性」は重んじられてきました。世阿弥が大成した「能」は即興ですし[10]、「書道」も「即興」の芸術ですね。ポタッと落ちた墨汁の垂れは、消すことができません。この垂れをどう活かすかが面白みです。

一般的に演劇は（現代はいろいろな創作方法があるので、一概に断言できませんが）、劇作家が書いた戯曲を用いて、一か月ほど稽古します。俳優は台詞を覚え、演出家とのやりとりで動きや段取りを決めて、最終的にお客さんの前で発表します。しかし即興演劇の場合は基本的に、劇作家や演出家はいません。俳優（インプロバイザー）が、お客さんの前で、その場でお芝居を創ります。たとえると通常の演劇は「懐石料理」。あらかじめ作っておいた料理をお客さまに振る舞います。それに対してインプロは、お客さんの目の前で料理をつくって振る舞う

9　スティーヴン・ナハマノヴィッチ『フリープレイ』（若尾裕訳、フィルムアート社、二〇一四年）による。

10　西平直『世阿弥の稽古哲学』（東京大学出版会、二〇〇九年）による。

「お好み焼き」や「鉄板焼き」に似ています（笑）。つまりお客さんは「創作過程」も見ることができるのです。

みなさんの中で「即興演劇」をご覧になったことがある方はおられますか？　日本ではまだまだ頑張らなくてはならない状態でポピュラーではありませんが（苦笑）、アメリカやカナダだととても有名なんですよ。即興演劇はいろいろなスタイルがあるので、説明が難しいのですが、簡単に説明するとしたらこんな風に始まります。まずパフォーマンスは、普通の演劇と同じように劇場で行われます（ライブハウスやバーなどで行う場合もあり）。舞台上には数脚のイスだけのシンプルなもの。大掛かりな装置はあまりありません。まず出演者が「素のまま」舞台に登場し、お客さんに「タイトル」になるもの（単語や簡単な文章）を聞きます。たとえば「〝場所〟をください」とたずね、お客さんが「公園〜！」などと提案します。すると出演者の一人が、「このお芝居のタイトルは〝公園〟です。3、2、1、スタート」などとイントロにあたる言葉を言い、お芝居がすぐに始まります。出演者の一人が、イスをベンチに見立て、お弁当を食べはじめます。それを見て照明オペレーターは「昼の公園」風の明かりを当て、即興ミュージシャンは「昼の公園」風の音楽を演奏します。見ている他のパフォーマーは、舞台で演じ始めたパフォーマーを見て、相手役で関わります。これらはすべてノンストップで行われ、途中でお互いが相談することはありません。短いお芝居でしたら三分〜五分、長いと二時間ものお

【スライド❷】

どうしてインプロが大事なの？

・人生は毎日が本番　リハーサルはない
・私たちは即興で生きている
・自分らしく生きたい！
↓（でも現実には……）
・変化する価値観、多様な人間関係についていけない！
・いくら本を読んでも、実行できない！
↓
頭でわかっているだけじゃだめ！
実践し体験することで、カラダで会得するもの

芝居をノンストップで創作することができます。もし即興だと知らなかったら「台本があるんじゃないか」って言われるくらいスムーズにお芝居が進行する場合もあります。

　即興演劇のいいところは三つあります。一つは自主性が重んじられるところ。たとえば台本がある場合、他者によって書かれた言葉を口にすることになります。しかし即興演劇の場合は、基本的に台本はありませんので、自分の言葉が尊重されます。演出家に動きや表現を指示されることもありませんので、主体的に動くことも必要となります。二つ目に、多様性が認められること。話し合いをして「意見をひとつにまとめてから表現する」ことはありません。それぞれが自分のアイデアを出し、他者のアイデアを尊重しながら、それらを「ブレンド」して新しい世界（ストーリー）を築いていきます。仲間との価値観の違いを認めあって、受け入れあい、共に創造していく態度が必要です。三つ目に、観客と分かち合うことができること。インプロでは、「その場で起こること」を大事にしますので、観客のリアクションも素早く使っていくことができます。

　もちろん台本のあるお芝居にとっても「即興性」は大事な要素です。お芝居に登場するキャラクターは、「自分がしゃべっている台詞が”戯曲作家”によって書かれたもの」だとは知りません。つまりキャラクターは、キャラクターが生きている世界の中で「即興で」言葉を発しているはずです。つまり台詞が決まっていたとしても、それを発する

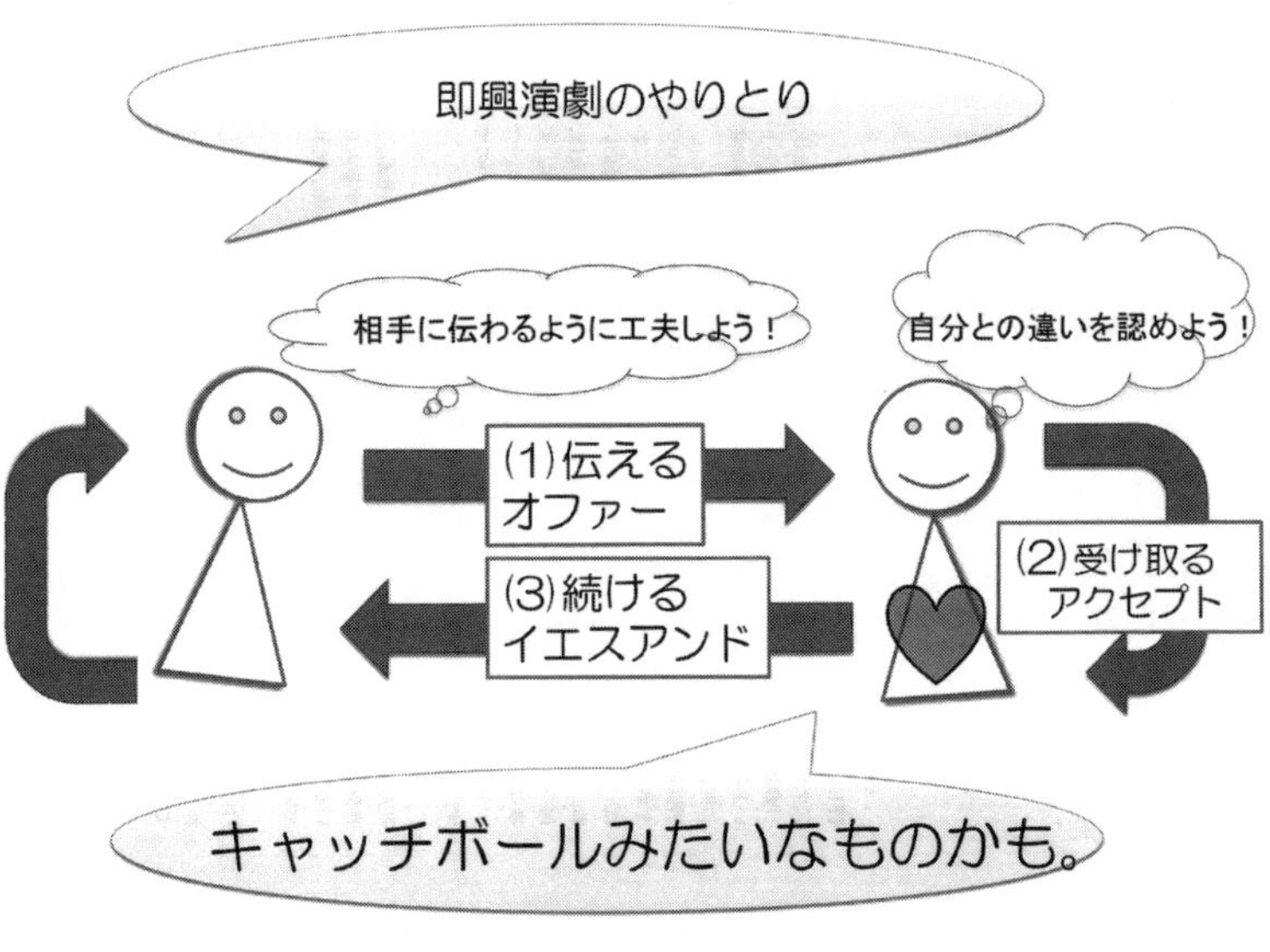
即興演劇のやりとり
相手に伝わるように工夫しよう！
自分との違いを認めよう！
(1)伝える
オファー
(2)受け取る
アクセプト
(3)続ける
イエスアンド
キャッチボールみたいなものかも。

ときには「まるで即興でしゃべっているかのよう」でなくてはなりません。もちろん「自分がしゃべっていないとき」も、キャラクターはその世界で「即興で」動いているはずです。この「即興的な感覚」を養うために、インプロのトレーニングは必要になります。加えてお客さんや相手役の反応は毎日変わりますので、柔軟に反応しなくてはなりません。また（本当は起こって欲しくないのですが）本番中に、予想外のことが起こることがあります。たとえば相手役が台詞や小道具を忘れたとか。しかし劇を止めることはできませんので、何とか即興で対応しなくてはなりません。このように演劇において、さまざまな理由によって「即興性」は無視することのできない大事な要素です。

さて、このようにインプロは演劇創作には欠かせないものですが、それだけではありません。現在インプロは大きく分けて、二つの方向へと成長しているように、私には見えます。

一つはいま説明したように「演劇」、つまり「芸術」として、「エンターテイメント」としての広がりです。日本では、まだまだ頑張らなくてはならないのですが、たとえば海外の国立演劇学校では、「インプロ」は必ずと言っていいほどカリキュラムに入っています。即興演劇は演劇の原点でもありますので、当然といえば当然のことですが。またアメリカでは、インプロのパフォーマーが、映画やテレビにどんどん進出して注目されているために、「成功になる登竜門」的な扱いにもなっていて、インプロを学べる養成機関は非常に賑わっています。

もう一つの広がりは「インプロ」を「応用的」に使う動きです。お客さんに見せるためではなく、自分や他者の「成長」のために「インプロ」を「ツール」として使う活動です。私は勝手に「応用インプロ」と呼んでいます。演劇でも、演劇の手法を「教育」や「コミュニティの活性化」や「社会問題解決」に使うことを「応用演劇」と呼んで区別をしていますし、海外では「インプロ(Improv もしくは Impro)」と「応用インプロ(Applied Improv)」ははっきりと区別されています。たとえば私が関わっているものですと、子どもたちを対象に教育の目的で、ビジネスマンを対象に研修やセミナーで、カウンセラーなど福祉関係者を対象に講座で、応用インプロを用いています。このように「インプロ」のトレーニングは、さまざまな領域で「活用」されています。

今日は、「エンターテイメント」としてのインプロと、「教育として」の応用インプロの両方に関わる「基本的」な部分を体験していただきたいと思っています。どちらにも使うことができるファンダメンタルな部分です。さて話しが長くなりましたが、そろそろ実際に体験していきましょう。インプロの良いところは、頭で理解する知的理解だけではなく、実践し体験することで、カラダで学ぶこと、つまり体験学習ができることです。さて今日のワークショップも、身体を使っていきましょうね！

●二人組でストレッチ

絹川　まず少し、身体をほぐしましょう。二人組になってくださ〜い[11]。（さっと二人組ができる）ありがとうございます。じゃあストレッチしましょう。お互いに、こう横に、（両手を頭上でつないで引っ張り合い、体側を伸ばし合う）引っ張り合います。ひじをゆるめてくださいね。引っ張り合って、引っ張られ合って、相手の力を感じてください。引っ張ってる？　引っ張られてる？　げんたくん、引っ張ってるかな？　では反対もどうぞ〜。

くろちゃん　すっごい、ひさしぶりだわ。

絹川　息を吐いてくださいね[12]。そうそう、いいですね。ここから（参加者の体側をさわって）毒素が出るような感じですね。相手の力を感じてください。はい、オッケーいいでしょう。

それでは、前。（向き合ってお辞儀をする格好で、腕を伸ばし、相手の肩に手をのせ、下方へ押し合う）相手に力を預ける感じです。相手の重さを感じてください。膝の後ろと背中が伸びます。伸ばす時息を吐くようにしてください。はーい。

11　ストレッチはできるだけ二人組、もしくはグループで行ってもらうようにします。もちろん「身体をほぐす」という意図があります。しかしそれ以上に、大事な「裏の意図」として、この段階からすでに「相手を感じてほしい」ということもあるからです。ただ「裏の意図」をあからさまに言うのは早すぎます。もし私が参加者だったら、ファシリテーターから「相手を感じて〜」といきなり言われたら、ちょっと気味が悪いなぁ〜と思います。相手は知らない人ですし。むしろここでは、堅苦しいことは言わないで、「軽いのりでちょっとやってください」程度の気楽な雰囲気のほうが、参加しやすいのではないかしら。このように、ワークショップには、「表の意図」と「裏の意図」があります。

12　五感で感じるためには、リラックスが必要です。人間は緊張していると、感じることができないのです。リラックスをするためには、呼吸を意識して、息をゆっくり「吐く」ことです。息が止まっていたり、呼吸が浅くなったりしていたら緊張している証拠。ゆったりと息を吐きましょう。

（参加者をまわって）息はいて（げんたの背中をたたいて）、息はいて。若い子が一番固まっているのはナゼ～（笑）。次。一人がこうなります。（馬飛びの馬の形になる）こういう形になります。で、もう一人がこういう形で（両手のひらをお椀のような形にして）パンパンマッサージ。（相手の全身をパンパンリズミカルにたたいていく）頭もいいですよ。下の人は、息をはいて楽に。叩いて欲しい場所があったら、遠慮なくリクエストしてくださいね。はい。交代します。（終了し）それではいいでしょう。

もう少し長くやりたいところですが[13]（笑）、先に進みますよ。それでは手足をぶらぶらします。頭が固いとね、手首が硬くなるんですって。だから手首をほぐすのはいいらしいですよ。まず右手を八回振ります。左手を八回振ります。右足八回、左足八回。で、一個ずつ、少なくなっていきます。最後は一回ずつ。いいですか。若い子がんばってよー。いきますよ、どうせだから、みんなで声をあわせていきましょう[14]。

せーの。（右手を振りながら）1、2、3、4、5、6、7、8。（左手を振りながら）1、2、3、1、2、3、4、5、6、あーし。（右足を振りながら）1、2、3、4、5、6、

13 ストレッチは時間をかけてゆっくりやりたいところです。でもなかなかその時間を確保できないのも事実。悩みどころです。ここでは参加者に「もうちょっと長くやりたいなぁ～」という雰囲気もあったので、皆さんの気持ちを代弁しました。ファシリテーターが参加者の心の声を代弁することで、参加者が納得して次の活動に移ることができます。もし、代弁無しで、「はい、次はこれです」と進めると「リードする人」と「それについていく人」という構造がはっきりしていまい、参加者はだんだんと「受け身」になっていきます。

7、8。(左足を振りながら) 1、2、3、4、5、6、7、次七回。(右手を振りながら) 1、2、3、4、5、6、7。(左手を振りながら) 1、2、3、4、5、6、7。(右足を振りながら) 1、2、3、4、5、6、7。(左足を振りながら) 1、2、3、4、5、6、7。

(以下、六回、五回、と減っていく。五回の時に、絹川が「1、2、3、4」と四回で数えてしまい、参加者が「あれ?」という雰囲気になる。しかし絹川は流れを止めずに「私、私」と頭を指差して、「間違いでしたよ」ということを申告しながら続けていく[15])

絹川 1(右手)、1(左手)、1(右足)、1(左足)! はーいはいはい。私が間違えていましたね！[16](一同笑)。こういうこともありますよ〜。

絹川 はい。それではさっき、自己紹介をしていただいたんですが、一対一でまだ出会っていませんので、一対一で出会うエクササイズをやりましょう。

14 参加者が、初めて声を出すところです。気持ちをあわせることを大事にするために、全員にアイコンタクトをしながら促します。

15 ワークショップでは、(特に始まりのほうでは)「立ち止まって考える」状態にならないように工夫しています。考えることで身体が止まってしまうと、その状態から抜け出すのに、時間がかかってしまうからです。動き続けることで、わりと短時間でウォーミングアップをすることができます。ただし、ここの進め方にはマニュアルがあるわけではなく、あくまでも参加者の調子を見ながら進めます。

16 ファシリテーター自身が失敗をさらけ出すことは、とても勇気のいることです。「参加者に不信感を与えるのではないか、話を聞いてくれなくなるんじゃないか」と思うからです。しかし実際は逆。ファシリテーターが人間らしさを素直に出すほうが、参加者はココロを開いてくださるように思えます。我々が最初に失敗することで、「自分も失敗して大丈夫だ」という気になってもらえます。逆にファシリテーターが緊張して自分を防御していたり、相手に「教えてやる」という態度でいたりすると、参加者はなかなか心を開いてくれないのではないでしょうか。

●1 自分から発信＝オファーをする

絹川　まず1人が輪に入ります。入った人は、相手を決めて、自分の名前を言います[17]。「ゆり」。そしたら外側の人も、自分の名前を言います。

りょうすけ　「りょうすけ」。

絹川　次は、相手の名前を言います。「りょうすけ」。（りょうすけに）相手の名前を言ってください。

りょうすけ　「ゆり」。

絹川　そして、握手。（ふたり握手する）わかりました？　確認します[18]。まず自分の名前を言います。（相手に）自分の名前を言います。相手の名前を言います。（相手に）相手の名前を言います。そして、握手。相手の目を見るようにしてみましょう。アイコンタクト[19]って言います。初対面だと照れますよね？[20]　どうしても、こう、（とうつむいて）下を向きがちなってしまいます。目は「心の窓」と言いますね、相手の気持ちを感じとるときに、とても有効なのです。今日はちょっと照れるかもしれないけど（げんたを見て）、アイコンタクトをして相手を感じてみてください。こんな感じです。（げんたに）（一同笑）。あ、そうだ、ちょっと気持ち悪いんですけど[21]、イメージ的には、目の奥から手がにゅーんて出てきて、その手同士が握手しているような、そんな感じです。

17『インプロゲーム』273ページ〈ミーティング&グリーティング〉参照　名前を呼び合うこと。なんと大事なことでしょう。ただ単に「そこの人」と呼ばれた時と、自分の名前を呼ばれたときとでは気持ちの動きが大きく違います。ただしグループに相応しい「名前の呼び合い」であること。ニックネームで呼び合うことで親密度が増す場合もありますが、それが参加者にとって不快な行為になる場合もあります。何事もＴＰＯが肝心です。

18　説明は一回では理解してもらえないこともあります。シンプルに分かりやすく、二回ぐらい、参加者が分かっているかどうか、反応を見ながら説明すること。

19　「アイコンタクトは大事ですよ」という言葉、ワークショップによく登場しますが、ファシリテーターはなぜ必要なのか、その理由を実際の現場で説明しないとしても、説明できるべきだと思います。でないと「アイコンタクトしなくちゃいけない」という事だけが「形だけ」伝えられることになってしまいます。また日本では「アイコンタクトを避けて相手を敬う」という習慣があるようです。つまり「相手を見ない」＝「相手を尊重していますよ」のサインなわけです。ですから、アイコンタクトができない、アイコンタクトをしないことに対して否定的になるのではなく、今までの習慣をリスペクトしながらも、自分の提案をしていく姿勢が必要です。これは「イエス・アンド」の考え方でもあります。

ただスラーっと眺めるんじゃなくて、しっかりコンタクトするイメージです。[21]

それじゃもう一回いきますよ。（りょうすけに）「ゆり」。

りょうすけ 「りょうすけ」。

絹川 「りょうすけ」。

りょうすけ 「ゆり」。

絹川 （握手する）はいそうですね。で、私は移動します。（りょうすけの隣のくろちゃんの前に立つ）「ゆり」。

くろちゃん「ゆり……」（と止まる）

絹川 アハハ。[22]（一同笑）そうなんですよ、言っちゃいそうになります。[23]

くろちゃん （絹川の名札を）読んじゃいそうになります。

絹川 そうですね。もう一回いきます。「ゆり」。

くろちゃん 「くろちゃん」

絹川 「くろちゃん」

くろちゃん 「ゆり」

絹川 はい。（握手する）お願いしまーす。で、今度はりょうすけさん、ここに入ります（と、くろちゃんの前に招き）はい、じゃあ、やってください。[24]

りょうすけ 「りょうすけ」

くろちゃん 「くろちゃん」

---

20 一方的に「やってください」ではなく、アイコンタクトができない状態にまず共感するところから説明を始めます。

21 参加者の気持ちを代弁しています。（138ページ・コラム⑰参照）

22 ここでファシリテーターが深刻にならないことが必要です。

参加者が間違えた場合、「あなたができていない」という個人指摘はしません。誰かが失敗したときに、ファシリテーターが個人攻撃をしたら、当事者はもちろんのこと、その他の参加者も怒られるのを恐れて、表現や失敗ができなくなってしまいます。「そういうことはよくあることなんですよ～。あなただけじゃありませんから大丈夫」と、個人的問題ではないことを伝え、集団全体に向かって話します。そして「できなかったことを批判」することよりも、「どうやったら、できるようになるか」にフォーカスして、具体的にアドバイスをします。

23 参加者が間違えた場合、「あなたができていない」という個人指摘はしません。誰かが失敗したときに、ファシリテーターが個人攻撃をしたら、当事者はもちろんのこと、その他の参加者も怒られるのを恐れて、表現や失敗ができなくなってしまいます。「そういうことはよくあることなんですよ～。あなただけじゃありませんから大丈夫」と、個人的問題ではないことを伝え、集団全体

りょうすけ　「くろちゃん」
くろちゃん　「りょうすけ」（握手する）
絹川　ああ、いいですね。（と、すばやく次へ進み）「ゆり」
ジュン　「ジュン」
絹川　「ジュン」
ジュン　「ゆり」（握手する）
絹川　はいお願いします。（次へ進み）「ゆり」
モモ　「モモ」
絹川　「モモ」
モモ　「ゆり」（握手する）
絹川　はいお願いします。そうです、そうです。（次へ進み）「ゆり」
げんた　「げんた」
絹川　「げんた」
げんた　「ゆり」
絹川　お願いします。（次へ進み）「ゆり」
コージ　「コージ」
絹川　「コージ」
コージ　「ゆり」（握手する）
絹川　はいお願いします。（次へ進み）「ゆり」
まゆこ　「まゆこ」
絹川　「まゆこ」

に向かって話します。そして「できなかったことを批判」することよりも、「どうやったら、できるようになるか」にフォーカスして、具体的にアドバイスをします。

24　デモンストレーションをしながら、グループ全体を意識しながら、進めます。

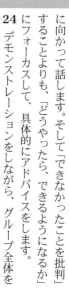

まゆこ 「ゆり」

絹川 （自分は全員と挨拶を終えて）お願いします。（みんなの挨拶が続いている）

……アイコンタクトを忘れないでね～。[25]（参加者の様子を見る。まちがえそうになって力が入った挨拶になってしまったり……）あははは。照れますよね～。[26]

【バリエーション1】

ミーティング・グリーティング・バリエーション 参加者が大人数の場合、このやり方は相応しくないかもしれません。待つ時間が長すぎてワークショップ全体がだらけた雰囲気になってしまう可能性があるからです。その場合は、自転車のチェーンのように輪を二つ折りにしたような形で行ない、出会ったら隣の人にずれるという方法も可能です。この方法は、茨城大学の正保先生から教えていただきました。[27] また全員がバラバラで歩き、出会った人とミーティング＆グリーティングをするという方法もあります。

挨拶が続く。終わった人も出てくる。
りょうすけ、くろちゃんが終わっている。

---

25 軽くサイドコーチを入れ続けます。少し賑やかなほうが、気持ちがほぐれるので。

26 言葉で説明するよりも、「あはは」と笑うことのほうが、ずっと大きなメッセージを伝えられることがあります。ここでは、ホントウに楽しいのもありますが、「間違えてもいいんですよ～。大丈夫ですよ～。わたしは小さなことにこだわって、あなたを批判したりしませんよ～。まず楽しんでいきましょうね～」というメッセージを伝えるための、意図的なリアクションでもあります。

27 茨城大学正保春彦研究室 http://www.edu.ibaraki.ac.jp/master/index.php?id=208

絹川　（りょうすけに）終わりました？[28]
りょうすけ　（うなずく）
絹川　ばっちり？
りょうすけ　ばっちり。
絹川　この人数だから覚えられますよね。（全員終わったので拍手しながら）はい。いいでしょう。名前覚えました？　名前、名前。じゃあ、もう一回確認しますよ。（右手を挙げて）「ゆり」。みなさんご一緒に！

全員　「ゆり」
絹川　そうです！[29]
　以下全員右手を挙げながら自分の名前を言う。その後、全員がくり返す。[30]

まゆこ　「まゆこ」。
全員　「まゆこ」。
コージ　「コージ」。（全員「コージ」）
げんた　「げんた」。（全員「げんた」）
モモ　「モモ」。（全員「モモ」）

28　エクササイズが終わった人が退屈しないように、すかさず声をかけます。

29　誰かが何かを表現したら、フィードバックはできるだけ素早く行います。短くてもいいので、「すぐにフィードバックが来る」ことが大事です。これが退屈にならないで、自主的な関わりになってもらうためのコツ。

30　全員に自分の名前を呼んでもらうのって、けっこう嬉しいものです。

31　「名前をくり返す」エクササイズを少し発展させました。全然脈絡のないエクササイズを羅列するより、このように、やったエクササイズを元にして、それを少し難しくする発展系のエクササイズをやったほうが、成長の流れを感じることができます。

りょうすけ　「りょうすけ」。（全員「りょうすけ」）
くろちゃん　「くろちゃん」。（全員「くろちゃん」）
ジュン　「ジュン」。（全員「ジュン」）
絹川　オッケー。じゃあ今度は名前を呼びあってみましょう。[31]（パン、パンと両手をたたき）リズムをとります。（パン、パン）ね、リズムを取ります。最初に自分の名前を言います。次に、誰かの名前を言います。大丈夫ですか。いきますよ。[32]「ゆりちゃん、ジュン」。（パン、パン）
ジュン　「ジュン、まゆこ」。（パン、パン）
絹川　（一緒に続けながら）そうです！[33]
まゆこ　「まゆこ、モモ」。（パン、パン）
モモ　「モモ、げんた」。（パン、パン）
げんた　「げんた、りょうすけ」。（パン、パン）
りょうすけ　「りょうすけ、コージ」。（パン、パン）
コージ　「コージ、くろちゃん」。（パン、パン）
くろちゃん　「くろちゃん、コージ」。（パン、パン）
コージ　「コージ、げんた」。（パン、パン）
げんた　「げんた、ゆりちゃん」。（パン、パン）
絹川　オッケーいい感じです。[34]せっかくだからアイコンタクトしましょうか。[35]今、なんか「（視線を下に向け沈んだ声で）コージ、りょうすけ」って一人の世界にいますが、前に人がいますから、しっかり見て。

32　エクササイズの説明の仕方。①概要を述べる（ここでは「名前を呼び合う」）②時間軸に沿って、順番に手順を説明する。（リズムを取り、自分の名前を言い、相手の名前を言う）。③参加者に分かったかどうか、確認する。④スタートすることを伝える。⑤自分から始める。⑥始まったら、すぐにリアクションをする。

33　素早いリアクションです。

34　実は「いい感じ」ではなかったのですが、「いい感じ」と言いました。ここで貶してしまったら、次に言いたい肝心のアドバイスが耳に入らないと思ったのです。次のアドバイスを聞いてもらうために、まずは褒めました。

35　イエス・アンドしてます。まずはみんなのやったことに対してのイエス。そして自分のリクエストがアンドです。その前にアイコンタクトについて説明したので、それを定着させたいことと、そもそもアイコンタクトができていないことに気がついたので、このような指示になりました。また、このエクササイズは「名前を覚えること」が意図ではなく、「名前を使って、コミュニケーションする」ことが目的ですので、名前を言える・言えないはそんなに大事ではなく、むしろ「相手と関わりを持てているか」ということを重要視しています。

もう一回いきますよ。せーの。（パン、パン）「ゆりちゃん、げんた」。（パン、パン）

げんた　「げんた、コージ」。（パン、パン）

絹川　おお、いいねえ。[36]

コージ　「コージ、モモ」。（パン、パン）

モモ　「モモ、まゆこ」。（パン、パン）

絹川　そうです。[37]

まゆこ　「まゆこ、ジュン」。（パン、パン）

ジュン　「ジュン、りょうすけ」。（パン、パン）

りょうすけ　「りょうすけ、くろちゃん」。（パン、パン）

くろちゃん　「くろちゃん、ゆりちゃん」。（パン、パン）

絹川　（ちょっとスピードアップして）「ゆりちゃん、モモ」。（パン、パン）

モモ　「モモ、ジュン」。（パン、パン）

ジュン　……（言えずに、床にへたりこみそうになる）

絹川　（笑いながら）続けて！　続けて、続けて。[38]

ジュン　「ジュン、ゆりちゃん」。（パン、パン）

絹川　「ゆりちゃん、くろちゃん」。（パン、パン）

くろちゃん　「くろちゃん、まゆこ」。（パン、パン）

まゆこ　「まゆこ、りょうすけ」。（パン、パン）

絹川　（手拍子をスピードアップする）[39]

りょうすけ　「りょうすけ、げんた」。（パン、パン）

36　素早いリアクションです。

37　始まる前のポイントができているのか／いないのか、参加者はフィードバックがもらえると安心できます。

38　ここでも笑っています。これは「間違っても大丈夫だよ！」というメッセージ。もしファシリテーターが真面目な顔をしていたら、「失敗してはいけないんだな」というメッセージが伝わってしまい、参加者は失敗するのが恐くなってしまいます。つまり参加者が、表現ができる気になるか、ならないかは、ファシリテーターのリアクションにかかっています。

39　わざとスピードアップしています。すでにやり方は分かってしますので、同じことを続けると「飽きて」し

げんた「げんた、コージ」。（パン、パン）
コージ「コージ、ジュン」。（パン、パン）
ジュン「ジュン、くろちゃん」。（パン、パン）
くろちゃん「くろちゃん、モモ」。（パン、パン）
モモ「モモ、ゆりちゃん」。（パン、パン）
絹川「ゆりちゃん、りょうすけ」。（パン、パン）
りょうすけ「りょうすけ、ゆりちゃん」。（パン、パン）
絹川（さらにスピードアップして）「ゆりちゃん、げんた」。（パン、パン）
げんた「げんた、ジュン」。（パン、パン）
ジュン「ジュン、りょうすけ」。（パン、パン）
りょうすけ「りょうすけ、ジュン」。（パン、パン）
絹川 ハハハ。
ジュン「ジュン、モモ」。（パン、パン）
モモ「モモ、コージ、コージ！（苦しそうに）」（パン、パン）
コージ「コージ、くろちゃん」。（パン、パン）
くろちゃん「くろちゃん、じ、ジュン！」（パン、パン）

【バリエーション2】

出会いのエクササイズは他にもたくさんあります。

①数字で集まる――リーダーが言う数字の人数で集まります。リー

まいます。飽きる前に、ちょっとだけ難易度を上げることが、「モチベーション」を上げるコツです。スピードアップすることで、参加者が少しだけ必死になれます。失敗してしまうかもしれませんが、そうなったら失敗しても大丈夫なんだというメッセージを伝えることもできます。

ダーが「3！」と言ったら、三人組を作り、「8！」と言ったら八人組を作るのです。場合によっては、余った人たちは抜けていくというルールを付け加えても盛り上がります。(グループによっては盛り下がることもあるので、注意)。

②グループで共通点を見つける――二人組、三人組になって、グループで共通のことがらを見つけます。好きな食べ物、嫌いなスポーツなど。言葉ありでも、なしでもできます。一分間以内など、時間を決めると活性化します。(長過ぎると集中が切れることも)

③握手――全員で自由に歩きまわります。目があったらアイコンタクトします。次に目があったら握手します。次にできるだけたくさんの人と握手をします。次にひとりに握手をしたら、離れる前に次の人と握手をするようにします。

絹川　ハハハ。いいですね、(拍手してゲームの流れを止めて) よくなりました。アイコンタクトは照れるんですけど、はっきりやってみましょう。伝わり方が深くなります。[40]

さて「即興演劇」はどのようにして始まるのでしょうか。シンプルに考えて「誰かが何かを始める」ことです。台本があるわけではありませんので、しっかり相手に伝えることが大事になります。インプロでは相手に何かを伝えることを**『オファーをする』**[41]って言っていま

40　やる前に注意したポイントに対してどうだったかというフィードバックを返しています。注意したら、それがどうだったのか、きちんとフィードバックしてあげることをお忘れなく。

41　ここで初めてインプロ用語を出しました。専門用語をどこで登場させるかは意識的におこないます。もしファシリテーターが、ワークを始めたとたんに専門用語で話し始めたら、参加者は「あ、分からない」という気持ちになるかもしれません。また意識が「体験してみよう」ということよりも、「考えなくては・覚えなくては」になる可能性もあります。私の場合、まず体験してもらってから、それについて解説する順番をとっています。説明の順番やタイミングは、そのときの流れや参加者の状態によって、その場で判断します。参加者が、よく分からない「?」という雰囲気だったら、しっかり説

す。今名前を呼び合いましたね。これもオファーです。**【スライド❸ 自分から発信=オファーをする】**オファーにはアイコンタクト、体の動き、声、言葉。感情やエネルギーなどがあります。迷わないで、はっきり表現すると相手が助かります。それじゃあ、しっかりオファーをする練習をやりましょう。輪になってください。（全員輪になる）

絹川　あ、ちょっと、立ち位置を変えましょうか～。[42] 10数えるので立ち位置を移動して、また輪になってください。（皆が動く）……9……8、7、6、5、4、3、2、1、終了～。（新たに輪ができる）ああいいですねえ。きれいな輪ができましたね～。すごいなぁ～人間って。いま一斉にうごいたのに、誰もぶつからなかったでしょ～？「感じる力」ですね。すご～い！[43] はい、それじゃもう一歩外に出て、（全員一歩下がり大きな円になる）しっかりオファーする練習をします。[44] まずは隣の人に、拍手を回します。（パン、と拍手をひとつ、隣のジュンに回す）隣に。

【スライド❸】
自分から発信=オファーをする
- アイコンタクト
- 身体（動き）
- 声（ボリューム）や言葉
- 感情やエネルギー

- ベクトルをはっきり
- 迷わない！
- 楽しむ！

明するときもありますし、逆に説明しすぎて、参加者が落ち継ぎすぎてしまう場合もありますので、微妙なさじ加減が必要だと思います。

42　場がマンネリしていると感じたので、即興的やってみました。場所を移動するだけで、新鮮な気持ちになれます。次のエクササイズをするために、ちょっとだけ刺激を与える感じ。脳が活性化します。

43　突飛で大げさなコメントかもしれませんが、参加者の「気づき」を促すための意図的な言葉がけです。さりげなく行動したけれど、実はその中で「私は感覚を使っていたのね」ということに気がついてもらうため。後半「感覚」についてのエクササイズを行うので、その前振りにもなっています。ただこのコメントは「あらかじめ話すと予定していた」のではなく、みんなの移動を見て、そのときに気づいたので、すぐに言葉にしました。効用については、ちょっとの差の後付けです。このようにワークショップの途中で、参加者の行動から「大事なことに気づく」こともかなり多く、参加者に言ったほうがいいなと思ったら、すぐに言ってみます。

44　その前に「オファー」という言葉を使ったので、これ以降は「伝えて」ではなく、「オファーして」という言葉を「意図的」に使うようにしています。

（ジュンを促す）

ジュン　（パン、と拍手をひとつ隣のまゆこに回す）

まゆこ　（パン、と拍手をひとつ隣のげんたに回す）

絹川　そうです。

げんた　（パン、隣のりょうすけに）

絹川　そうです。

りょうすけ　（パン、コージに）

絹川　いいねえ。

コージ　（パン、くろちゃんに）

絹川　はっきり。

くろちゃん　（パン、モモに）

絹川　アイコンタクト大事ですね。[45]

モモ　（パン、絹川に）

絹川　そうです。（自分も拍手をまわしながら）ほっ。

まゆこ　（パン、げんたに）

絹川　もっと早く。

げんた　（パン、りょうすけに）

りょうすけ　（パン、コージに）

コージ　（パン、くろちゃんに）

くろちゃん　（パン、モモに）

絹川　いいですねえ。

45　大事なポイントは、時々しつこくコメントに入れ込むことで定着させます。でも簡潔に、分かりやすく、すぐできることを指摘します。（サイドコーチっていいます。）

モモ　（パン、絹川に）
絹川　（まわして）ほ。
まゆこ　（パン、ジュンに）
ジュン　（パン、げんたに）
絹川　もっと早く。
げんた　（パン、りょうすけに）
りょうすけ　（パン、コージに）
コージ　（パン、くろちゃんに）
くろちゃん　（パン、モモに）
絹川　そうです。
モモ　（パン、絹川に）
絹川　（モモからもらった拍手をモモに返して）反対！
モモ　（パン、くろちゃんに）
くろちゃん　（パン、コージに）
コージ　（パン、りょうすけに）
りょうすけ　（パン、コージに）
絹川　そうです、もっと早く、もっと早く。[46]
　と、スピードアップを促しながら、続けていく。
モモ　（反対方向にまわして）あ、違った。

46　「早さ」を催促しているように見えるかもしれませんが、「早くすればいい」ということではありません。この場合、「早くしたほうが、難易度があがる」ので、適度に参加者に刺激を与えているのです。参加者には「ちょっと難しいかな」程度の課題を出すのが大事です。難易度を「やりながら」少しづつ上げていきます。そうすると「フロー状態」にもっていくことができます。
（フロー状態については、128ページのコラム⑥参照）

絹川　大丈夫ですよ〜。[47]（続けるよう促し）では今度は、「即興性」を入れますよ。誰でも方向を変えられるルールを付け加えましょう。そうです、そうです。

だんだんスピードアップしながら、反対回しをする人もいる。[48]

絹川　迷わないで〜。方向をはっきり。そうです、そうです。

絹川　（終了して、拍手しながら）はいはい。いいですね〜。今、途中で即興性が加わりましたね〜。即興性が加わると、予想外のことが起こるので、パニックになったり、戸惑ってしまったりして、オファーが曖昧になってしまいます。そうすると「受け手」も困ってしまいます。ですので、そういう時こそ落ち着きましょう。そうそう今、二種類のオファーの仕方がありました。[49]ひとつは（パン、と身体を動かさず硬い感じで手を打って）、こういう感じですね。もうひとつ。（パン、と隣の人の顔をしっかり見て、身を乗り出しながら手を打って）こういう感じですね。この二つは同じように「手をたたいている」行為なんですが、全然違います。最初のやつ（硬いパン）は自分だけ。伝わっていません。（硬いパンを繰り返しながら）「自分ではやっているのに　全然わかってくれない！」……って感じ。でもこれは伝えてないんですよね。誰が受け取っていいのか分かりませんよね。伝えるって言うことは、こういう風に

47　参加者は「間違った」と思ったようですが、「続けること、エネルギーを落とさないこと」が大事なので止めませんでした。ここでは「ルールを守る／正しくやる」ことは大事ではありません。目的以外の言及をすると、学びがぶれるし、流れも止まってしまいます。ルールを「守る」より「使って」学ぶことが大事です。ファシリテーターが「ルールを守ること」に真面目になりすぎないこと。そうでないと「ルールを守る」ことそのものが目的になってしまい、大事な目的を見失うことになります。目的に「しぼって」シンプルにコメントします。

48　これは想定外。本当は、この次に「即興性を加えるために、反対回しを入れましょう」という予定でした。参加者のほうが、先にそれを始めたのです。まぁ先に始めようと、説明後に始めようと、そんなに大きな問題ではありませんので、止めませんでした。そのまま続けて、その後に、ポイントをアドバイスしました。

49　「誰々さんがやっていた」「○さんはできていて、△さんはできていない」という個人名は出しません。「全体の問題」として取り上げ、グループに向かって話します。個人攻撃をすると、グループ内で相手を批判する雰囲気が生まれてしまう可能性があります。

50　マニュアルとして教えるよりも、イメージとして伝えて、体験してもらうようにしたほうが、参加者の力になるような気がします。すぐにできなくても、自分の生活の中で活用してもらるように、たとえはできるだけ簡

（身を乗り出す手拍子をして）エネルギーを飛ばす感じ。そうすれば、受け手も「ああ、自分に来たんだな」というのが分かります。オファーを、ボールを投げるように飛ばしてみてください。[50] それを意識してやってみましょう。せーの（モモに）はい。

再び拍手回しが始まる。より集中を増して続けられる。

絹川　そうです。もっと早く〜。息してね〜。[51] そうです、そうそう。

絹川　はいはい、いいでしょう。では、今は拍手だけだったんですが、今度は「動きと声」を隣の人に渡します。[52] 例えば「よぅ！」（と、隣のジュンに右手を挙げる）[53]

ジュン　……？

絹川　（隣にまわすように促す。笑）

ジュン　「よ！」（と、隣に）

全員、「よ！」と同じアクションを隣の人に回していく。

絹川　（自分のところに来たのでいったん流れを止めて）[54] はい、そういう感じですね、前に飛ぶようにしてください。エネルギーを相手に飛ばすのって「疲れるかな」と思いますが、不思議なことに、エネルギーは

単で分かりやすいものを心がけています。

51　集中すると真面目になりすぎて、身体が硬くなる傾向があるようです。「息してね〜」というのは文字通りの意味もありますが、それ以上に「もっとリラックスして〜楽しんで〜」というメッセージでもあります。緊張している人に「もっとリラックスして」と指摘しても、「どうしたらいいの？」となりがちなので、「具体的な指摘」をします。もしかしたら「リラックスして」と言うより、「ぱっぱららぁ〜！」と素っ頓狂なことを言ったほうが、力が抜けて本来の意図（リラックスする）が伝わるかもしれませんが。

52　このようにエクササイズは、ただ単品が並ぶように「次はこのエクササイズです」とやるのではなく、一つシンプルなエクササイズをやってみて、それができたら「それに付け加えて」少し高度なものへ、それができたら「もっと高度なもの」へと、レイヤーを重ねていくほうが、参加者の学びが深まるように思います。「レイヤー」についての概念は、英国ミドルセックス大学ＰＧＣＥドラマ過程主任教官のケネス・テイラーさんから教えていただきました。

53　私はときどき「やりますよ」と言わずに、突然始めることがあります。もったいぶって始めると、なんだか参加者が身構えしまうように感じているからかもしれません。私と一緒にやっている参加者は、だんだんと「突然はじめる」ことができるようになっていきます。

リチャージします。単なる自分の体験なのですが、しっかり相手に投げると、自分は空っぽになって、不思議なことに疲れるどころか、エネルギーが沸いてくるんです[55]。逆に中途半端だと疲れるんですよ。じゃあ今度は、動きを増やしますので、がんばって対応していってくださいね。(一同ふふふと笑う) はい。では、こうちゃん何かお願いします。どうぞ。

コージ 「チュドン」。(とウルトラマンのようなポーズ)

くろちゃん 「チュドン」。

モモ 「チュドン」。

絹川 「チュドン」。

ジュン 「チュドン」。

げんた 「チュドン」。

りょうすけ 「チュドン」。

コージ 「チュドン」。

くろちゃん (反対回しで) 「チュドン」。

コージ 「チュドン」。

りょうすけ 「チュドン」。

絹川 しっかり、はっきり、はっきり。

げんた 「チュドン」。

絹川 そうです。

54 エクササイズの説明ですので、長く話す必要はありません。盛り上がる必要もありません。デモンストレーションは、あくまでもやり方を理解する程度で終わらせます。

55 学術的な裏付けはありませんが、自分の体験からのコメントです。今までの経験上、「思いっきりやることで、自分を忘れることができ、そのおかげで空想の世界にも飛び込んでいける」というプロセスをたくさん見ているし、この参加者にもそれが必要ではと感じました。このタイミングで、グループ全体が失敗を恐れず解放されていることが、この後のエクササイズへ進む決め手でもありますし。

まゆこ　「チュドン」。
ジュン　「チュドン」。
絹川　「チュドン」。
モモ　「チュドン」。
くろちゃん　「チュドン」。
コージ　「チュドン」。
りょうすけ　「チュドン」。
げんた　「チュドン」。
まゆこ　「チュドン」。
絹川　「ワ～」（「チュドン」がまわっている中、新しい動きを付け加え、モモに回す。「チュドン」と「ワ～」のふたつの動きが輪をめぐる）
モモ　（同時に左右から二種類が回って来て）あわわ……「チュドン」。「ワ～」。（それぞれの動きを両隣に回す）
絹川　あはは。

もう少し続き、終了する。

絹川　（拍手をしながら終了させて）ありがとうございます！　戸惑いながらも、しっかり伝えていたところが良かったです[56]。じゃあ、もう少し高度になりますよ。今のは横だけでしたが、今度は前にも飛ばせます。そして言葉を使おうかな。**『あなた・わたし』**[57]というのをやりま

56　参加者にやってもらったことに対して、かならず短いコメントをつけます。やったことがどんなにグズグズでも、ポジティブなコメントにします。コメントは、今までのポイント（アイコンタクト、オファーをしっかり伝える）に関連していることだけに絞り、関係ないポイントは言いません。説明していないポイントについてコメントしても、参加者を混乱させてしまうだけです。どんなに上手くいかなくても、できなかったことについては言及しません。むしろ「こういう状態だったね」という現状認識をシェアして、必要があれば、できなかった部分について、別のエクササイズで解決していきます。ただ最近は、もしかしたら同じエクササイズをじっくりやることで見えてくるものもあるのかもしれないなと思ったりもします。

57　細かいようですが、拍手回し→擬音と動きまわし→言葉を決めて回す。と段階をおってレベルアップしていきます。いきなり言葉で始めるよりも、抽象度の高いものから始めたほうが、その後の表現に広がりがあるように感じます。また言葉に意味があるものから始めるよりも、身体を使ったものから始めたほうが、若者の場合は入りやすいように思えます。高齢者や障害のある方達の場合は、体力やできる事に考慮して、順番などは変わってくると思います。

す。「わたし」と言って（と自分を指し）「あなた」と指すので、指された人は「わたし」と言って、誰かを指して「あなた」と言ってくださいね。「わたし」（と自分を指し）・「あなた」（と、げんたを指す）。

げんた　「わたし・あなた」。（くろちゃんを指す）

絹川　そうです。

くろちゃん　「わたし・あなた」。（ジュンを指す）

絹川　そうです。

ジュン　「わたし・あなた」。（コージを指す）

ランダムに「わたし・あなた」と指し合う。絹川、自分も参加しながら、「はっきり！」「もっと早く、もっと早く！」などサイドコーチを入れる。[58]

だんだん速くなってきて、三十秒ほど続く。

絹川　（自分のところに回ってきたところで終了させ）はい、いいですね。（拍手をしながら）今度は、オファーがいつ来るか分かりません。日常生活と似ていますね[59]。急に買い物を頼まれたり、コピーを頼まれたりね。（笑）予想できないことが起った時にパッと対応する力を養いましょう。

絹川　それでは、今度は動きます。（げんたを指しながら）[60]「あなた」と

58　サイドコーチをどう入れるかで、場の雰囲気は変わり、参加者のモチベーションも理解度も変わります。的確なサイドコーチを受けると、参加者は「具体的」に上達することができますが、不明確なサイドコーチだと、参加者を混乱させることになります。ファシリテーターは「どのポイントを指摘すべきか」を明確にすることが大事です。（130ページ・コラム⑦参照）

59　エクササイズは、基本的にすべて「即興」で行われますので、普段の自分の行動パターンが反映されることも多々あります。ワークショップで無意識にやったことを日常生活に照らし合わせて考えてみることで、日常生活の自分の癖に気がつくことができるかもしれません。

60　今気がついたのですが、この段階で私は「げんた君」にオファーすることが多いです。きっと一番慣れていない彼を無意識に気にかけていたのでしょう。

言ったら、私はげんたくんの方に（と、げんたの方へ）動きます。私が到着するまえに、げんたくんは「あなた」と言って、指した相手の方へと移動します。もう一回行きますよ。「わたし・あなた」で、私が移動します。「わたし・あなた」で移動してください。どうぞ。

げんた 誰でもいいの？[61]

絹川 誰でもいいです。誰でも。

げんた 「わたし・あなた」。（コージを指し、コージの方へ移動する）

絹川 そうそう、そう[62]。

ゆっくりと一同が「わたし・あなた」と相手を指しながら、相手の方へ移動し合う。絹川も参加しながら、「そうです」「もっと速く！」「はっきり、はっきり」「そうだ」「もっと速く」「すぐ」などテンポ良くサイドコーチを入れる。

モモ （歩いてきて立ち止まろうとした瞬間に指され）ええ！（と驚きながら）「わたし・あなた」。

絹川 ははは。そうです[63]。

だんだん速くなって、参加者の足取りは小走りになってくる。移動中にモモとジュンがぶつかってしまいアハハと笑いあう。一分ほど続く。

61 げんた君が、始めて自分から発言してくれました！　グループの中で、彼は飛びぬけて若かったし、若さからの「テレ」がありました（それはそうですよね、大人の中にひとり高校生っていうのは居心地が悪いのは当然です）。わたしは最初から、「彼が楽に表現できる場作りをしたい」と意識していましたので、端々で、彼に声をかけ続けていました。ついに、ここで彼から質問してくれました。ココロの中で「おっ！　やった！」と嬉しい気持ちでいました。

62 もの凄く素早くリアクションしています。せっかくげんた君が質問してくれた後の最初のアクションだったので、すぐにポジティブな声かけをしてあげることが、彼を勇気づけることになるといいなと思いながら。

63 参加者が大きなリアクションをしたとき、必ず温かい反応をするようにします。大きな表現をファシリテーターが受け止めれば、他の参加者も「この場所で、大きく表現していいんだな」と感じることもできます。もちろん小さな表現に対しても、大事に笑顔でリアクションします。

絹川　（自分のところに来た時点で終了させ）はいそうですね。（間髪をいれずに）じゃあ今度は名前で行きます。「ゆり、まゆこ」。（と、まゆこを指し、まゆこのところへ移動する）

またランダムに名前を呼んで相手を指し、相手の方へ移動し合う。

げんた　「げんた、こう……りょうすけ」。（名前をまちがえる）
絹川　ははは。いいよ。
モモ　「……モモっ、ジュン」！（自分の名前に一瞬詰まって笑いを誘う）

約三十秒続く。

絹川　オーケー、（また間髪を入れず）[64]じゃあ今度は、しりとりで行きます。例えば、「りんご、ゴリラ」。（と、りょうすけを指し、りょうすけの方へ移動する）
りょうすけ　「ゴリラ、ラッパ」。
ジュン　「ラッパ、パリ」。
まゆこ　「パリ、りす」。
くろちゃん　「りす、すいか」。
モモ　「すいか、かめ」。

64　説明が長すぎるとエネルギーがダウンします。その次に静かなエクササイズをするのならばそれでもいいですが、次のエクササイズに高いエネルギーが必要ならば、長すぎる説明でエネルギーを落とさないように。ダウンしたエネルギーを上げるのは大変です。エクササイズのやり方が複雑だったり、注意ポイントが多すぎたりだと、参加者は混乱します。グループのエネルギーを上げたいときは、説明は短めに。もちろん分かりやすい説明が大事です。

コージ「かめ、めだか」。
りょうすけ「めだか……（一瞬詰まって）カラス」！（笑）
絹川「カラス、酢の物」。
げんた「酢の物、ノルマ」。
くろちゃん「ノルマ……マ、（笑）……魔王」。
一同 魔王……（笑）
りょうすけ「魔王、うさぎ」。
まゆこ「うさぎ、ギリシャ」。
モモ シャ……「ギリシャ……ヤ……ヤ……（コージのまん前に到着しながら）ヤモリ」（笑）。
コージ「ヤモリ、リ……りんどう湖」。
ジュン「りんどう湖、こだま」。
絹川「こだま、万華鏡」。
げんた「万華鏡、うさぎ」。
まゆこ「うさぎ……んーと、銀蝿」。（一同笑）
くろちゃん「銀蝿、江戸」。
りょうすけ「江戸、ドーナツ……」。
絹川 はーい、そうですね。動きが止まっていましたね。頭で考え始めてしまっちゃったかしら[65]。迷うと、どうしても体が（とゆっくり手を動かしながら）ゆっくりになってしまいますね。迷わずできるといいですね[66]。できるだけ直感に従う感じです。では、直感を使うエクササ

65 こちらの予想と違って、皆のテンションが落ちて、頭で考え始めてしまった瞬間でした。想定外の結果です。本当は、想像するエクササイズに移るためのウォーミングアップのつもりだったのですが、言葉を考えすぎて、せっかくあったエネルギーが落ちてしまい、ウォーミングアップとしては上手くいきませんでした。こういうときはネガティブなことを（たとえば「〇〇ができていない」など）指摘しても、あまり建設的ではありませんので、そういうコメントは避けて、まず何が起こったかのコンセンサスをとり、「そういうこともある」とその状況をイエスして、それを改善するためのエクササイズへと繋げてみました。従って、本来「バニー」はやる予定はありませんでした。この場で、このエクササイズを選んだのです。

66 迷わずにできるようにしてください。と言っていないところが味噌。

イズをやりましょう。

絹川　ちなみに次のエクササイズは企業研修ではやりません。「大人を馬鹿にするな!」と怒られてしまいますので（苦笑）。**『バニー』**というエクササイズです。三人でうさぎちゃんを作ります。これは『せんだみつおゲーム』にも似ていますよ[67]。真ん中の人が、うさぎの「歯」（両手二本の指を、口の前にかざして、ウサギの歯を表わす）。両サイドの方々は（両隣のコージとりょうすけを呼び寄せ）、外側の手で耳をつくります。（片手を挙げ、ぴょこぴょこと手のひらを動かす）外側の手ですよ。三人で声を合わせて、ちょっと恥ずかしいんですが[68]、「バニバニバニバニ」って言います。そのまま真ん中の人は「バニバニ」言いながら、このバニーを飛ばします。例えば、「バニバニバニ……バニー!」（ジュンに飛ばす）そしたら、受け取った人を中心に、バニーをつくります。

ジュン　（歯になって）「バニバニ……」

絹川　そうですね、両方の人が耳になります。

くろちゃん・げんた　（外側の手を挙げて耳をつくる）

絹川　そうです。バニバニ言ってください。三人で。

三人　「バニバニバニバニ……」

絹川　で、誰かに飛ばしてください。

ジュン　「バニバニバニバニ……バニー!」（モモに飛ばす）

絹川　そう、そう。

67　場の雰囲気に、なんとなく「できなかった」的な暗さを感じたので、「ああ、それなら知ってる。それならできそう。楽しそう」という気持ちをもっていただきたかったので、このエクササイズを選び、こんな紹介の仕方してみました。

68　参加者の気持ちを代弁しています。これがないと「無理矢理バカなことをやらされている」と感じる人もいるかもしれません。

モモが歯になり、くろちゃんとりょうすけが耳をつくる。同様に、続く。

絹川　「そうです」「すばやく」「もっと早く」「すばやく、すばやく」とサイドコーチを頻繁に入れる。

くろちゃん　(歯になったげんたが片手しか動かしていないので) 両手、両手！

絹川　(両隣を見ながら) ○×▽□◎……(一同笑)

くろちゃん　隣はだめなんですよね？

絹川　ははは。はっきり。

絹川　いいですよ、いいですよ。

またしばらく続く。

ジュン　(違う方にくっついてしまい) ！ (一同笑)

絹川　そういうことですね。やり方、わかりました？[69] パッと動いてくださいね。自分のことだけじゃなくて、両隣のことも感じていないと、パッと対応できませんので、アンテナをはっていてくださいね。じゃあ、勝ち抜き戦いきますよ。耳が三つとかになってしまったら、その場に座ります。間違ってしまった人は、がっかりしないで、他に

69　「できた／できなかった」ということは問題にしません。そういうことですね。というのは「こうやって失敗してしまうこともある。それは誰にでも起こることなんだ。」ということを理解してもらうため。あくまでもやり方が理解できたかを確かめるのが目的であることを強調し、個人攻撃はしません。

間違った人がいないかどうか、しっかり見ていてくださいね。

一同　え～（笑）

絹川　いいですか。じゃあ私たちから行きましょうか。（両隣に声をかける）せーの。「バニバニバニバニ……」

絹川、参加しながら「そうだ」「すばやく」などサイドコーチを入れる。しばらく続くが、まゆこがつまづき、すごすごと座る。

絹川　（拍手しながら）わぁ、まゆこ、いいですねえ、ありがと～！[70]このエクササイズは、全員がパーフェクトにできちゃったら、つまんないですよね～？　失敗してくれる人がいるから場がなごむんですよ。ああよかった、私たちじゃなかったって。みんな今笑ったでしょ？（一同笑）もしかしたら自分の失敗は、その「場」の緩和剤になるかもしれないんです。考えてみてください。もし全員が「絶対間違えたくない」って思っていたら、どうなるでしょう？　どんどん失敗できない雰囲気になりますね。「表現」なんてとんでもないです。逆にみんなが「失敗してもオッケー」だったらどうでしょう。表現しやすくなると思いません？　このように、自分の失敗もさらけだせるようになると、お互いにいろいろチャレンジしやすくなり、自分の殻をやぶったり、新しい発想が出てきたりと、「場」自体が、クリエイティブになっていくと思います。お互いの失敗に寛容になってみましょう。そして、た

70　最初に失敗した人に対して、ファシリテーターがどうリアクションするか。これによって、ワークショップの質は大きく変わります。ここは、このエクササイズで初めて間違えた人が出てきた場面。ここでファシリテーターがどうリアクションするかで、この後のグループの雰囲気は大きく変わります。もしファシリテーターが個人を批判したら、「間違ったらダメなんだ」と参加者が感じてしまい、失敗が怖くなってしまうかもしれません。ファシリテーターは「失敗しても大丈夫だよ」という態度を貫きます。

くさん失敗してみましょう。じゃあ続けますよ。

しばらく続ける。

絹川 はいオッケー！（拍手しながら止める）頭で考えないで、直感でパッと動くわけですね。「こうだ！」って思った時に動きます。直感で動くことは、普段なかなか練習できないので、今日はその体験をいっぱいしてくださいね。

●2 アクセプトする──カラダとココロ

絹川 はい、それじゃあ二人組になってください。

一同、「よろしくお願いします」などと言いながら二人組をつくる。

絹川 では、AとBを決めます。Aの人はこっちです。こちらに並んでください。Bの人はこっちに向かい合います。（と、サッカーの試合開始時のような二列をつくる）Aさんは目をつむって手を出しています。Bさんはランダムに握手をしていってください。Aさんは、いろんなBさんが握手をしてきますので、その中から自分のパートナーを当ててください。

一同、「え〜、そんなの無理〜」などのリアクション。

絹川 ははは、大丈夫、大丈夫。じゃあ、確認しましょうか[71]。

全員、パートナーと握手をして、手の感覚を確認する。

げんた&ジュン、コージ&くろちゃん、モモ&りょうすけのペア。

71 複雑なエクササイズの説明はいつも苦労します。「言うべきこと」を整理しておくことも大事ですが、「言うべきではないこと」を明確にしておくことも大事。できるだけ簡潔に、短時間で分かりやすい説明を心がけています。ただ上手く説明できない時もあるので、参加者に「分かりましたか？」と聞いてもいいのではと思います。

絹川　いいですか。じゃあ、合図をしたら、Aさんは目をつむって手を出してください。で、「この人！」か「違う！」のどちらを言ってください。Bの人はランダムに握手をしていきます。しゃべらないでください。「私、私」とか「違う」とか言えませんよ～。「この人！」って言われたら、自分の相手ではなくても、そのまま握手をして「じ～っと」していてください。最後に一斉に答え合わせをしますので、それまで目を開けないでください。それでは行きましょうか。Aさんは目をつむって、手を出してください。Bさん、ランダムに握手をお願いします。

ジュン　(パートナーでない人に手を握られて) 言うんですか？　ちがう。

モモ　あ、この人。

絹川　(パートナーが決まった人たちに) 待っててくださいね。

ジュン　この人。

コージ　違います。(絹川も握る) 違います。(まゆこが握る)

絹川　もう少し待っててくださいね。もう少し待っててくださいね。……ジュンさん決まった？　決まった？　じゃあ目を開けてみましょう。どうぞ！

目をつむっていた方、目を開けて相手を確認する。当たったペアは拍手をする。

モモ　違った！（笑）

絹川　当たったペアはありますか？　ああ、いいですねえ。当たらなかったペアは？当たらなかったからといって、人生の傷にはなりませんから大丈夫（笑）。「当たるか、当たらないか」は実はあんまり関係なくて、「やるプロセス」そのものに意義があると思います。普段人間は、目で見て「この人はこうだな、こうだな」って判断するのですが、この場合は感覚しか「あて」がありません。理屈じゃなくて、感じることです。

絹川　今まではオファーするというテーマでしたが、今度は受け取ること**「アクセプト」**がテーマです。受け取るって「感じること」です。では今度はBさんが当てる側です。元のペアに戻ってください。握手を確認しましょう。（各ペア、手を握って確認する）それでは、目をつむってください。Bさんは、「この人」もしくは「違う」どちらかです。Aさんたちは、ランダムに握手を。どうぞ。

げんた　（まゆこが握って）……。（悩んで）「違います」。

りょうすけ　（モモが握って）「この人」。

絹川　待っててくださいね、もう少し待っててくださいね。

げんた　（ジュンが握って）「この人」。

絹川　くろちゃんの相手が……。

くろちゃん　（コージに握られ、自信なさそうに小さな声で）「この人」？

絹川　くろちゃん、クエスチョンマークで止まっていますが……、見てみましょうか。どうぞ。

ペアを確認する。全員あっていたので、喜び合う[72]。

絹川　いいですねえ、いいですねえ～！　それぞれの手に違いがありましたか？　本当に人の手の感触って違うものですよね。日常ではなかなか気がつけないことですね。感じる体験自体で、人間の何かを理解できるような気がします。気がするだけかもしれませんが（笑）。じゃあペアを変えましょう。違うペアになってください。

ペアを変えて再挑戦してみる[73]。

くろちゃん　「この人」。（自信を持ってジュンを握る。ジュン、アレ？　という困り笑顔）

モモ　「この……人」？

絹川　クエスチョンかな？　まだ、モモが、クエスチョンですが開けてみましょう。どうぞ。

モモ　当たった。

絹川　当たったところ。

全員　はい。（手を挙げる）

72　このエクササイズはシンプルなのに、毎回とても盛り上がるゲームです。なぜ盛り上がるのでしょうか？いろいろな人の手を触ることは、とても刺激的なんだなぁ～と感じます。この体験を通して「ココロ」が動くので、終わった後に話したくて仕方なくなる。「なにか話して」と言われても、なかなか話せない人たちも、このエクササイズをした後は、話しやすそうです。このエクササイズでは「当たった、当たらなかった」は問題ではありません。プロセス自体を楽しむことが大です。そしてその先に、他者に対する安心感・信頼感が生まれるといいなと思っています。

73　本当は別のエクササイズをする予定でしたが、新しいペアになった段階で、すでに参加者が「握手あてをやる気マンマン」の様子だったので、予定変更。もう一回同じエクササイズをやりました。

絹川　わぁ、すごい〜！（拍手をして締める）それでは、いい感じなので、もう一歩先に進みます[74]。まだ組んでない人とペアになりましょうか。まだ組んでない人。

ペアをつくる。

絹川　じゃあ、違うことやります。座ってください[75]。

できるだけ近くに座ります。楽に座ってください。右手と右手を合わせます[76]。（と、ペアになったまゆこの右手に右手をくっつけて）今日のワークショップの最初のテーマは、「自分から発信する」でしたね。ここでもまず、相手の手に何かの発信をします。（と、まゆこの右手をゆっくり押す）相手はそれにリアクションします。普段私たちは言葉で会話をしているんですが、この場合は手で会話をします。これが（と、まゆこの手を握って動かして）「おはよう」とか「こんにちは」とか、そういう意味はないわけですね。触っている、触られているというだけのやり取りです。原始的で抽象的なコミュニケーションです。まるでお母さんと赤ちゃんのスキンシップみたい。このやりとりで、どれくらいコミュニケーションが取れるものなのか、というのを味わっていただきたい。

ルールがあります。手は離れません。必ずどっかくっついていてください。それから手だけじゃなくて、肩まで触れます。目をつむって

74　自然な声かけで、ステップアップをすることを伝え、次のエクササイズに繋げました。

75　次に移るときのタイミングは大事です。もし参加者が「もっとやりたい」という気持ちが強ければ、繰り返しやってもいいと思います。しかし長過ぎるとワークショップ全体の流れがだれてしまったり、参加者が飽きてしまったりします。「もうちょっとやりたい」ぐらいでモチベーションが上がったところで、次に移る感じで、私は進めています。またファシリテーターは自分のプランがありますから、先に進みたい、プラン通りにやりたいと思うかもしれませんが、あくまでも参加者の様子を見ながら、進行具合を調整します。

76　このエクササイズはインプロのエクササイズではありません。ニュージーランドの演技講師ピーター・フィニーさんの演技レッスンで教えていただきました。オファーとアクセプトを体験するのにいいエクササイズだなと思い、やってみました。親密なエクササイズなので、誰にでも相応しいというものではなく、年齢や状況に合わせてやる必要があると思います。

行います。普段は視覚から「この人はこういう人」と判断しがちですが、この場合は目からの情報を遮断して「感じて」みます。それではいってみましょうか。それでは目をつむっていきましょう。どうぞ。

【りょうすけ・ジュンのペア】 手のひら、ひじ、肩、で「コミュニケーション」していく。りょうすけ、少し照れ笑い。

【くろちゃん・モモ】 掌を合わせて、お互いバイバイのように手を振る。それがこまかいゆらゆらした動きになる。

【げんた・コージ】 腕相撲のような握り方から、指先のこまかいところを触りあう。

【くろちゃん・モモ】 ぺたぺたと指先で掌をタップし合う。

絹川 （抑えた静かな声でゆっくりと）[77]それでは、手の会話はまだ続いています。今度、合図をしたら[78]、ゆっくり目を開けて、アイコンタクトをします。ちょっと照れるかもしれませんが（笑）。お互いに相談はしません。アイコンタクトで、お互いに同意ができたら手を離します。ぱっと勝手に離すのではなくて、同意をして、ゆっくり手を離します。時間がかかってもいいですよ。さあ、それではゆっくり目を開けます。手の会話は続いています。

【げんた・コージのペア】 げんたは姿勢が後ろに引けている。視線

77 エクササイズの雰囲気に合わせて、声のトーンを変えます。ムードや集中を壊さないように、エクササイズの意図が伝わるであろうトーンにします。ここのトーンは「感じる」ために必要なトーンです。うるさかったり、あわただしかったり、やっている同士がおしゃべりしたりすると、集中は切れて、感じて欲しいことは伝わりません。リーダーはTPOにあわせて、時には元気に、時には静かに、やさしく／厳しく表現を変えて、「場のムード」を創りだすといいでしょう。

78 エクササイズの説明は、やる前に全部する必要はありません。情報が多すぎると、混乱します。参加者がゲームに熱中できるように、説明はそのつど行うなど、工夫するといいでしょう。

が絹川の方へ向いたり、カメラを気にしたり、コージに視線が定まらないが、だんだんコージをじっと見るようになる。笑顔になって、手を離す。

絹川　（拍手をして終了させ、元の元気な声に戻り）は～い。さあ、どうだった？　普段なかなかやらないことだし、照れることだったと思うんですが[79]、（一同笑）感じたことを、二人で話してみましょうか。一分間、はい、どうぞ[80]。

りょうすけ　長い。（笑）

ジュン　肩が疲れた。

りょうすけ　けっこう緊張感があった。

ジュン　何かしなければいけないのかなあと……。

りょうすけ　肌に感じてた。

くろちゃん　……どう反応が出るか、わかんなくて……。

絹川　これって、普段の他者との距離より、そうとう近いですよね。「人間関係ここまでいっちゃっていいの？」みたいな。相手とどのくらいのコミュニケーションができましたかね。信頼できるというか、安心しあえるというか。楽しかったというか。そういう感じが体験できたらいいなぁ～と思います。このエクササイズって、結構、人のこと好きになっちゃったりするんですよ[81]。そういう意味では、「大人向けの」なんです。（一同笑）ははは。じゃあ違うペアでやってみましょう

79　言い出しづらい参加者の声を代弁しています。

80　フィードバックの時間を、始める前に伝えます。こうすると参加者が、話すペースの目安を立てられます。

81　言い出しづらい参加者の声を代弁しています。

か。相手が変わるとまた変わるので。もう一回いきます。ペアを変えましょう。男女はどうですか、男女。ははは。どうぞ。

よろしくお願いします、とペアができる。

絹川　じゃあ座りましょう。
くろちゃん　右手だよね。（と言いながら座る）
絹川　そうですね、右手でいきましょう。これ本当は両手だとか、いろいろバリエーションがあるんですが、今日は右でシンプルにいきます[82]。多分さっきと違うと思うんですね。相手が違うので。信号が違うと思います。
モモ　ちがう……
絹川　そうですね、そう。人によって違う、というところが感じられるといいなと思います。ところで今『**アクセプトする**』受け入れるということ、相手を受け入れるということをやっています。**【スライド❹】**

アクセプトする─カラダとココロ

絹川　相手を受け入れるときに大切なことは、「相手に好奇心を持つこと」なんじゃないかな。「相手っていったいどんな人なんだろう？　ワクワク！」って。まるで赤ちゃんのように。赤ちゃんって、何を見ても「わぁ〜！」って感動できる。蛍光灯を見ても「わぁ！」って[83]。ど

82　参加者の声を拾いました。エクササイズには、もっとバラエティがあるのだということを知ってもらうためです。

【スライド❹】

アクセプトする
カラダとココロ

・いつでも受け取れるように
・感じる
　──見る・聞く・味わう・匂う・触る
・好奇心を持つ

・リラックス！
・赤ちゃんのようなものの見方
・思い込み固定観念を捨てる！

83　説明が難しかったため、自分が演じました。このほうが伝わる場合もあると思いますし、ファシリテーターが自分をさらけだして表現することも、ちょっとはあってもいいと思いました。（あまり多すぎると、それが「お手本」になってしまったり、ファシリテーターが主役になってしまったりするので注意です。）

んなものに対しても新鮮に感じ取れる。もし大人もそのような気持ちがあれば、毎日見ているもの、たとえば毎日歩いている家から駅までの道も、新鮮に感じることができるかもしれないなぁって思います。多分、相手の反応は、さっきの人とは違うと思いますので、相手からもらったものから感じたことを返していくようにしてみてください。それじゃやってみましょうか。じゃあ、目をつむります。どうぞ。

【まゆこ、げんた】ゆっくりと手首から始まって、続いて指一本一本を確かめ合うような感じで触り合う。

【モモ、ジュン】指の先でチョンチョンチョンと腕をつつき合う。ひじの近くまで腕を伸ばし合い、がっしりと掌全体を使って腕を握り合う。

【くろちゃん、りょうすけ】腕を撫でさするように触り合う。

絹川　(声のトーンを抑えて)手の会話続いています。さっきと同じです[84]。ゆっくり目を開けて、お互い同意ができたらゆっくり手を離します。焦らないでいきましょう。ゆっくり目を開けましょう[85]。どうぞ。

【げんた、まゆこ】掌を握り合って、指先で手の甲を軽く触る。最後までつながっていた指同士がふっと離れて、完全に離れる。

【くろちゃん、りょうすけ】アイコンタクトをしながら、握手の形

84　エクササイズのムードをキープしています。優しいイメージです。

85　すごくゆっくり時間をかけるように促します。

になり、お辞儀をはじめる。お辞儀を数回しながら、にっこりして手を離す。

絹川 （拍手をしながら終了させて）はい、いいでしょう。（元の元気な声で）どうだったですか？[86] どうだったか三十秒くらい話しましょうか。[87]

モモ どう？ どう？

ジュン あったかいですね。

モモ ははは、あったかい。なんかマッサージみたい。ソフトですよね、ソフト。どう遊ぼうかなみたいな……。ソフトにどうしようかなあみたいに……。

まゆこ げんたは、わりと優しいなあって思った。

りょうすけ けっこう悩んでた……。

絹川 ええと、今やってみて、相手に対して「いいな」っていうところが、まあひとつくらいはあると思うんですよね。それをひとつ思い浮かべてください。「やってみて相手のここはよかったなあ」というところを、相手の耳元で、他の人に聞かれないように（と、内緒話のポーズをして）「ここがよかった」って耳元でささやいてください。誰にも聞こえないようにこっそりお願いします[88]。どうぞ。

まゆこ （げんたの耳元に）やさしかったよ。

ジュン （モモに）掌があたたかかった。（全員に聞こえたので、笑いが起こる）

86 声を元に戻しました。これはエクササイズが終わったというメッセージ。やったことを、あまり引きずらないで、体験したことをさらりとシェアーします。

87 話す前に時間を指定しています。でも短いです。そのほうが、かえってしゃべりやすいという意見もあります。

88 誰でも褒められると嬉しいものです。「相手のいいところを見つける」ことは、相手との関係の潤滑剤です。あまり深刻になりすぎないで「いいところに意識を向けてみること」を促す言葉がけです。また目前にいる人を褒めるのは、なかなか照れることですので、「耳打ちする」というちょっとした工夫をしています。その方が、言葉が丁寧に伝わるような気がするのです。

絹川　ははは。こっそり言うんですよ。こっそり。

りょうすけ、割と長く、ペアのくろちゃんにささやく。くろちゃん、ひとつひとつ深くうなずいて聞いている。

絹川　これね、こっそり言うところがミソなんですよね～。「あなたのここがすばらしい」って大声で言われると、何か信じられなくて……。こっそり言うんです。さて、今ずっと座っていたので[89]、少し動くエクササイズをしましょうか。立ちま～す[90]。（皆を促して立つ）[91]（パンと手をたたき）一個手をたたきます。手をたたいて、こう。（ペアのコージと両手をあわせてパンとたたく）で、二回（一人で拍手を二回、ペアと合わせて拍手を一回する）。三回（一人で拍手を三回、ペアと拍手一回）、四回（一人で拍手を四回、ペアと拍手を一回）、五回（一人で拍手を五回、ペアと拍手を一回）、1、2、3、4、5。5までいったら、減ります。1、2、3、4。1、2、3。1、2。1。ですね。わかりましたか？　1から始めて、5までいって減らしていきます。ふたりで息を合わせるところが大切ね。それではいきましょう、どうぞ。

【モモ、ジュン】ぎこちなく進みなんとか1まで戻ってくるが「あれ？」となんだか不満足な終わり方。

89　こういう言葉が実は大事です。いきなり「さぁ、立ちましょう」だと、相手をトップダウンでコントロールしていることになります。短い言葉でいいので、納得できる理由を話すだけで、「じゃぁやろうか」という気持ちになってもらえることが多いです。

90　本当は、手と手のコミュニケーションで、人との距離が近くなったので、さらに「全員の気持ちを合わせる」ことが目的でした。でもそう言ったら、直線的すぎて、ちょっとやりづらいで、表目的として「座っていたから、少し立つ」と言いました。

91　落ち着いたエクササイズを長時間やったので、エネルギーを上げるために立ち上がります。さっきが2人組だったので、その流れを切らず、自然に次の流れになるために、このエクササイズを選びました。

絹川　大丈夫ですか？　もう一回いきましょうか。もっと早くいきます。

モモ　早くやるんですか？

絹川　（頷いて）できるだけ早く。

【モモ、ジュン】　さっきよりスピードを上げて行うが、途中でつまづき、やり直す。その内、ほかのペアが終わってしまったので、自分たちも手を止める。

絹川　（すばやくそれを見つけて）[92]いいですよ。続けて、続けて、続けて。

【モモ、ジュン】　終わる。

絹川　おお～。いいじゃないですか。違うペアで。できるだけ早く、どうぞ。はい。（一同、動いて、違うペアを探す。ペアになったらすぐ始めるよう促して）[93]できるだけ早く。できるだけ早く。

【ジュン、げんた】　難なく終える。

絹川　もっと早く、もっと早く。違うペアで。（とペアチェンジを促しながら）

92　参加者全体に目を配ります。

93　いつのまにか、ペアからグループ、グループから全員になっていたというスピード感が欲しいので、どんどん指示します。むしろこの場合は、ファシリテーターが迷わないでどんどん指示したほうが、参加者は「エクササイズをやること（＝相手を息を合わること）」だけに集中し続けることができます。

【げんた、くろちゃん】集中して、スムーズに終了。
【モモ、コージ】何回かやり直す。

絹川　ははは。いいです。オッケー、じゃあ、今度は輪になります。全員でやりますよ、息を合わせて、全員でいきます。まずはここからいって、1、2、（自分一人で拍手、隣の人と手を合わせて拍手）じゃあ皆合わせていきますよ。いいですか、では息を吐いて。じゃなくて（笑）吸って。（全員、深呼吸する）

途中で止まる。

モモ　（止まってしまい）あはは……わたしです。（一同笑）
絹川　もう一回いきますよ。（息の合図だけで、開始する）

どこかで止まる。

絹川　（間髪いれずに）もう一回！　もう一回！（息の合図だけで、開始する……が、止まる）
モモ　ああ～。（止まってしまう。一同笑）

絹川　息合わせていきますよ。せーの。（息の合図だけで、開始する）

今度は最後まで通せた。拍手。

絹川　はい、いいですね。そうですね、自分だけで突っ走りたくなるんですけど、一歩余裕を持って、合わせていくっていうのも大事ですね、って「今」思いました[94]。じゃあ二人組になります。AさんとBさんを決めてください。

●3 トラストできる関係づくり

絹川　Aさんと、Bさんを決めてください。Aさんはリーダーです。リーダーとは、自分だけのことを考えるのではなく、相手のことを考えて行動する人です。Bさんはフォロアー、Aさんについていく役です。日常では「リーダーとフォロアー」の両方の役割をやることがありますが、ここでは役割をはっきり分けて、それぞれを体験します。Aさんはリーダーですので（と、ペアのまゆこの左手をとって、歩き出す）、Bさんをリードします。Bさんはフォロアーですので、Aさんについていきます。他のペアとぶつかったりすると、Bさんが安心してついていくことができませんので、Aさんは注意してくださいね。Aさんのミッションは、「Bさんが楽しい時間を過ごす」ことです。自分だけ

94　ワークをやる中で自分が気づいたことを、その場で発言しています。ファシリテーターはあらかじめ答えを用意して「ここはこうしてください。これが大事なんですよ」と言いがちですが、自分もワーク中に気がついたことや学んだことがあるはずです。それを発言することは、プロセス自体がファシリテーターを含めた全体の学びであることを、参加者に伝えることでもあるかもしれません。

が楽しむのではなく、相手が楽しめるように「工夫」してください。Bさんは相手にゆだねるアクセプトの感覚です。じゃあ確認しますよ[95]。Aさんは手を挙げてください。（Aさんたち手をあげる）みなさんがリーダーです。いいですね。Bさん、手を挙げてください。（Bさんたちに）ついていってくださいね。一斉に動きますよ。まずは目を開けていきます。どうぞ。

モモ&げんた、りょうすけ&コージ、くろちゃん&ジュンのペアになり、歩き出す。

絹川　（部屋の隅に立ち、参加者全体を見ながら）そうですね。いろいろな場所にBさんを連れていってあげてくださいね。スピードアップ。

絹川　ぶつからないように。

絹川　そうです。Bさん、楽についていってみてください。Aさん、できそうだったらスピードア〜ップ。

たまに小走りになるくらい、スピードアップする。

絹川　Bさんは、どれだけAさんを信頼できるかのチャレンジになります。（拍手をしながら）は〜い、いいでしょう。（くろちゃんに）目回った？　目回りますね。[96]

95　役割を確認することで、それぞれの役割を「自覚」してもらうために行いました。たまにやると、全体がまとまるような感覚になります。

96　参加者の状態を拾って、共感しています。

くろちゃん (笑)

絹川 今度は、Bさんは目をつむります。非常に危険な状態ですね(笑)。Bさんは非常に危険な状態で、相手に身を任すことになります。Aさん、しっかり相手のことまで考えてあげてくださいね。ここに自分がいて、となりに自分の分身がいるってことをイメージして、Bさんと共に歩くようにしてください。これは信頼関係のゲームです[97]。一回ぶつかっちゃうと、Aさんは二度と信用されないかもしれませんよ〜[98]。

一同 はははは。(笑)

絹川 信用される自分でいてくださいね。Bさんも、できるだけ相手に身を任せてみてください。それでは、いきますよ。Bさん、目をつむってください。どうぞ。

全員、そろりそろりと歩く。

絹川 ぶつからないように。大丈夫だなあと思ったら、スピードアップしましょう。

絹川 Bさんは相手の引っぱりを感じてください。相手に任せますよ[99]。スピードアップ。

小走りになるくらい、スピードアップする。

---

97 こちらから「信頼関係のゲーム」と言いたくないのが本音。十分に時間があれば、こちらから言わなくても、参加者からこの言葉が自然に出てくるまで待ちたいところです。しかし、この短い時間である程度の学びを起こすためには、このくらいまではこちらから説明しておかないとという葛藤が今でもあります。

98 たまには、厳しいことも言います。

99 つねに起こっていることに目を配ります。ファシリテーターが常に声をかけるということは、「見ていますよ、大丈夫ですよ」というメッセージでもあります。でも過保護な母親みたいにべったり監視すると、逆に参加者の負担になると思います。このバランスは、ファシリテーターによって違うように思います。私はどちらかというと、ドライかな。

絹川　はい、オッケーいいでしょう（拍手して終了させる）。どうでした？　どんなことを感じたか、ペアで話してみてください。30秒で。安心できたか[100]。

【モモ（リード）＆げんた】

モモ　怖いでしょう？

げんた　影とかで……。

モモ　ああ。（うなずく）強引だった……？

【ジュン（リード）＆くろちゃん】

くろちゃん　顔がこわばってきて……。

【コージ（リード）＆りょうすけ】

りょうすけ　スピードが上がる瞬間ドキドキしてくる。

コージ　（同意して）ドキドキしてくる！

くろちゃん　音とか……？

ジュン　カサカサとか近づいてくる

絹川　あはは。

モモ　すごい引っ張ってて重たいなと……。

100　フィードバックは、自分の気持ちを言葉にしてみることと、相手の気持ちを理解すること。しかし「フィードバックで何を話すのか」のポイントがはっきりしていないと、雑談になってしまったり、ただ「楽しかった」で終わってしまったりする可能性があります。フィードバックをするポイントはいつも明確にしています。ポイントは、現在やっている文脈やエクササイズの目的と関連したものです。**（133ページ・コラム⑨参照）**

絹川　なるほど。（うなずく）

絹川　それでは、もう少しレハードルを上げますよ[101]。こちらのペア、お手伝いしていてください。リーダーは目を開けていてください。目をつぶっている人がフォロアーですね。（と、さっき同じように歩き出す）こうやって、リーダー同士でアイコンタクトをして、入れ替わります。

（リーダー同士でペアの人を交換する）

全員　ええー。

絹川　リーダーはアイコンタクトして、入れ替わります。目をつむっている人は一瞬、相手がいなくなる時があります。さらに信頼関係が試される時です。相手だけではなく、ここにいる全員を信頼することが必要になります。「まぁ、誰か来てくれるだろう」って。ただ、もし「もうだめだ～！」と思ったら、目を開けくださいね[102]。ケガのないようにしましょう。リーダーの人は、さっき以上に責任感を持ってくださいね。自分の相手だけではなく、別のペアの人たちに対しても、意識を持ってくださいね。それじゃいきましょうか？　いいですか？　リーダーの人、手を挙げていましょうか。みなさんは目を開けています。（確認して）そうですね。手を挙げている人がリーダーです。目を開けてていいよ、まだ。目開けてていい。じゃあいきましょうか。どうぞ。（壁際の全員が見える位置に立つ）

101　ここでもレイヤー方式の進め方です。

102　このエクササイズは、「目をつぶらなくちゃいけない」「信頼しなくちゃいけない」など、「～しなくてはならない」という気持ちでやると、違う学びになってしまいます。あくまでも、その反対の可能性もあって、そちらを選択することも可能であることを伝えておきます。こうすることで、自分が判断し、選びとることができることを、いつの間にか身につけてくれるといいなと思います。

そろりそろりと動き出すが、「ん？」「ん？」と自信なさそう。

絹川　リーダーの人、手を挙げててください[103]。そうするとわかりますよね。

くろちゃん　挙げてて……。

絹川　うん。リーダー同士で。

ジュン、コージが人の手をくぐるようにしてペアを交換。

絹川　それだと非常に危険ですね。

モモ　リーダー同士が……。（と考えている）

絹川　そうです。リーダー同士がアイコンタクトをして、（モモとジュンが相手を交換する）そうですね。さあ、相談をしないでいけますか？

絹川　そうですね。リーダーがはっきり指示をしないと、フォロワーは非常に困るわけですね。（モモとコージが交換する）

モモ　そっか、難しいね……。

絹川　そうです。リーダーの人がはっきりオファーをしていないと、わからないですね[104]。はっきりやってみてください。

絹川　（モモとジュンが交換する）そうですね。リーダーが迷っていると、

103　役割の確認です。本人の自覚を促します。始まりの気持ちにリセットしてもらうことも意図しています。

104　このエクササイズは、「リーダーシップ」を養う目的にも使えます。その場合、相手を大事に扱うこと、相手の立場に立って行動することなどにコメントを絞り、意図を明確にします。

フォロワーも迷ってしまいますので、リーダーははっきり。そうですね。

モモ ははは

絹川 そうですね。臨機応変な対応が必要になってきますね[105]。ジュンとコージが交換する際、くろちゃんは右手をつないでいたのに、交換した後左手をつながれてしまう。

絹川 はははは。

AとBを交代する。

絹川 オーケーいいでしょう。じゃあ、今度は目つむります。相手に対して「おいおい、この人を信用して大丈夫なのか？」って心配になるかもしれませんが[106]（笑）リーダーの人、はっきりリードしてください。リーダーのミッションは引続き、「相手が楽しい時間を過ごすこと」です。相手が楽しめるように工夫してください。それではいきましょう。目をつむりますよ。はい、それではいきましょう、どうぞ。

105 次のテーマのキーワードを、そろそろ登場させます。これは「意図的」に行いました。

106 参加者の気持ちを代弁しています。

スムーズにペア交換が進む。

絹川　いいですね〜！　そうです。手を挙げなくてもいいですよ。目を開けている人がリーダーだから。

【バリエーション3】

信頼関係を築くゲームは他にもたくさんあります。

①運転手バリエーション——ペアが向き合い、両手をつないで行う方法。

②トラスト・フォール——五人〜八人ぐらいで輪になり、全員が中心を向いて立ちます。輪の中にひとりが立ち、両腕を胸の前で組み、両足を閉じ、目を閉じて立ちます。気持ちを静めて、身体を棒状にまっすぐにしたまま、ゆっくりと後ろに倒れます。輪の周りにいる人たちは、中心の人が倒れないようにやさしく受け止め、輪の中心を通って、向かいの人たちに届くように押します。中心の人は、まるで時計の振り子のように、足を軸として輪の周りを移動します。中心に立っている人はリラックスして、周りの人に身を任せます。どのくらい周りの人を信用できるか。そのチャレンジです。このエクササイズの間は、ムダなおしゃべりをしないで、気持ちを集中して行いましょう。

③トラスト・ラン——できるだけ広い空間で、二人組で行います。

一人は、空間の片方から片方へ、目をつぶって走ります。もうひとりはゴールの場所に立って、走ってくるパートナーに声をかけながら、場所を知らせます。もしくは、二人で手をつないで、一人が目をつぶり、もう一人がリーダーとなって、広い場所を走るというやりかたもあります。

絹川、壁際で、全員を見ながら時々サイドコーチを入れる。「そうです」「相手の分までイメージしてくださいね」「臨機応変に対応するのがすごく大事になります」……。

絹川　(拍手をしながら終了させて) はいオッケー、いいでしょう。どうでした? 安心してできましたか? ペアで感想を交換してください。

コージ　どうでした?

くろちゃん　ふふ。こわかった。

絹川　こわかった?

くろちゃん　なんか、ちっちゃい子どもみたいに感じた。

絹川　へえ。

絹川　「表現」のポイントは「頑張らない」ってことです[107]。「表現」とは、何かを体験して「心」が動いて、「表現したい」という気持ちから始まります。つまり「表現」するためには、「心」が動くことが大事な

107　本当は、こちらから答えを言わないで、参加者の感想の中から、この言葉が出てくるのがベストだと思います。ただ、それをするための十分な時間が取れないため、このように説明してしまっています。いつも葛藤するところです。ただ、参加者にワーク後感想を聞くと「〝がんばらなくていいんですよ〟というコメントをしてもらったので、気が楽になった」という意見がたくさん出るので、こういう方法も悪くはないのかなと思います。

のです。しかし力んで「頑張らなきゃ」って思うと、必要以上に力が入りますよね。身体は緊張すると、五感が働かないんですって。五感が働かないと「感じる」ことができません。「感じる」ことができないと、「心」が動かない。つまり「表現」の原動力が止まってしまうことになります。「まぁ、八分目ぐらいでいいだろう」ぐらいの気持ちで取り組んだ方がいいかもしれません。また楽しんでやると学習効果が上がると言われていますよ[108]。ここだけの話、学校の先生とワークショップをやると、けっこう大変なんです[109]。なかなか相手にゆだねられない先生って結構多いみたいで。（拳を握りしめて）「頑張らなきゃ」って生活しているからかもしれないなぁと思います。だから、先生が対象のときは、このエクササイズは、すごく時間をかけます。今日の皆さんはオッケーです。先に進みます（笑）。じゃあ、2人組になってください。

●4 想像力に間違いはない！

絹川　AさんとBさんを決めてください。はい。じゃあ……（と参加者が座り込んでいるのを見て）あ、座りたい気持ち？　じゃあ座っていきましょう[110]。

Aさんにお題を出しますので、しゃべってください。自分の本当の話です。もちろん人に話せる程度の「本当の話」でいいですよ。Bさ

108　「楽しんでやろう！」これは何度も言っています。この考えが身につくまで、ず〜っと言い続けなくちゃと思っています。

109　このように「槍玉」にあがる対象は、ワークショップにいない職業の人たちです。別な職業の方々の状況をお話すると、「大変なのは自分たちだけじゃないんだ。大変だと感じることは悪いことじゃないんだ。」と自分たちのしていることに客観性をもてるようになるようです。また「学校の先生でも大変なことがあるんだなぁ〜」と他者への共感をうながす（特にこの場合、高校生が参加していたので）という二次的な目的もあります。

110　参加者の状態を感じて対応しました。自分が即興で感じたことを押し付けないで、参加者に聞いて確認しているところがミソ。

んは聞いてください。ただ聞くだけ。このエクササイズは『人の話を聞く』トレーニングです。つまりBさんのトレーニングです。最近、脳に関しての本がたくさん出ているので、ご存知の方もおられると思うのですが、脳の回転ってものすごく速いんだそうですね。しゃべる速度よりも脳の回転の方がずっと速いので、人間は聞きながらいろんなことが考えられるそうです。つまり相手の話を聞きながら、違うことを考えることができるわけですね。だから、（大きくうなずきながら）「うんうん」って聞きながらも「このワークショップが終わったらどうしようかな～」なんて、未来のことを考えたりとか、「昨日ちょっと飲みすぎちゃったなぁ～」なんて（笑）過去のことを考えたりできるのだそうです。つまり頭の中で、過去や未来に行くことができちゃうんですね。タイムトリップです。すごいですね～。ただ弊害としては、タイムトリップしていると、「今」目の前で起こっていることを見逃しがちだということ。例えば相手の「小学校時代の話」を聞いていると「ああ～私もそういうことあったわぁ～」と、自分の思い出話を考え始めてしまうのです。私たちは、他者が話す思い出話に影響されて、自分自身の思い出を思い出すことがありますね。それは悪いことではないと思います。[111]しかしそうすると、目の前の人の話が聞けないんですね。即興では台本がありませんので、「今起こっていること」をキャッチする必要があります。ですので「今起こっていることに集中する」練習です。それから、聞くフリ[112]はしないでいいです。よく自

111 逆もまた真なり。いつも一方向の考え方だけではなく、反対の考え方も「あり」なのだということを言うようにしています。でないと、「この方法が正しい」と信じ込んでしまい、「逆の方法は間違っている」という考え方をしてしまいがちだからです。これはワークショップを「カルト」にしないためにも、ファシリテーターとして大事な振る舞いだと思っています。

112 聞くフリ（146ページ・コラム㉑参照）

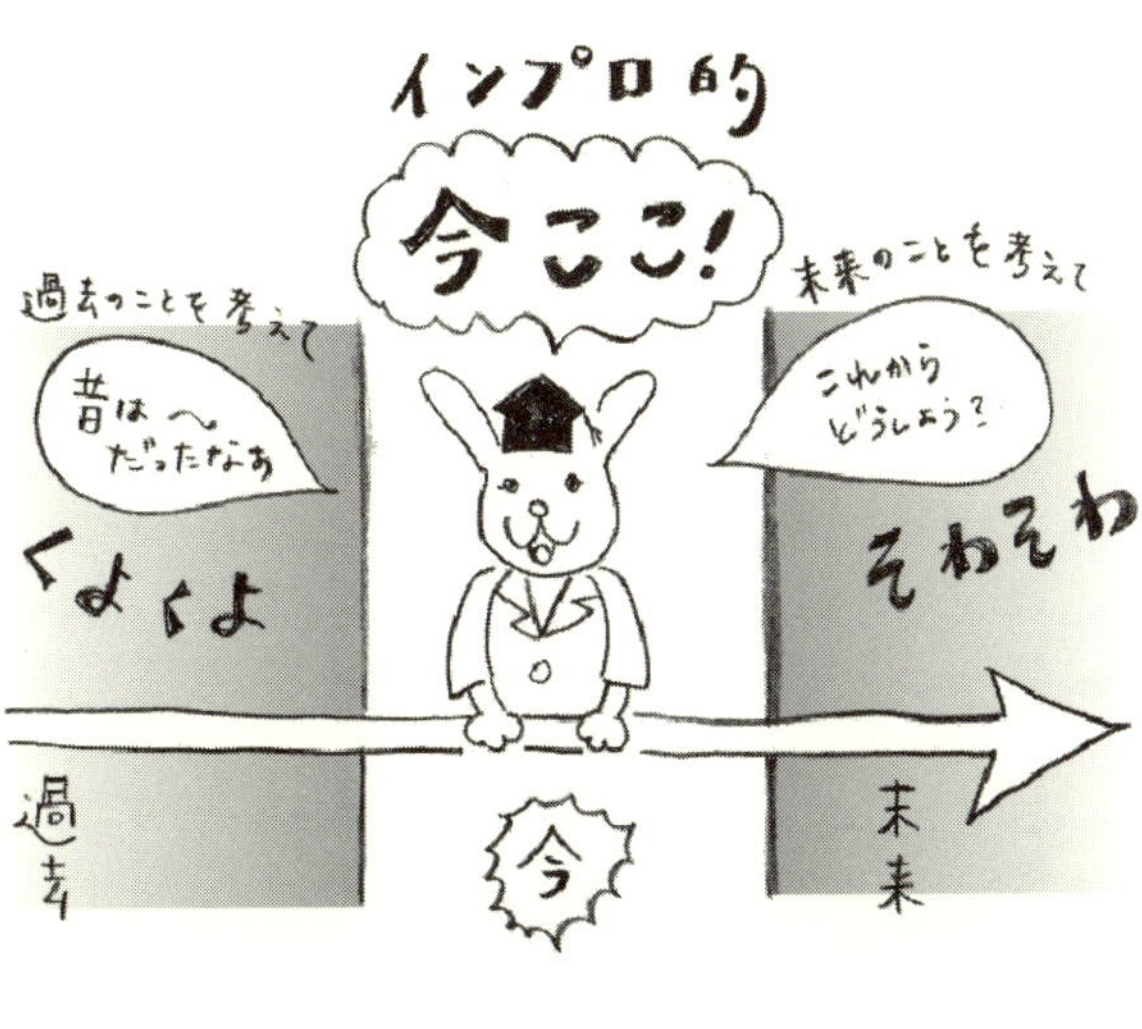

己啓発のマニュアルとかで、「人の話を聞くときは、うなずきましょう」とか書かれていますが、それはいらないです。「相手の話を一〇〇%聞いた」という実感が得られれば、それでいいと思います。じゃあ、AとB決めます。AとB。決まった？　じゃあAさんがしゃべります。Bさんは聞いてください。一分間です。お題は、『私の初恋』。

一同　わお〜う。(笑)

絹川　誰でも経験あるよねえ？(一同笑)いきますよ、一分間です。3、2、1、スタート。

グループごとに話し出す。

モモ　「初恋って言っていいのかわからないけれども、あのころいいなあっていうのが初恋だとしたら……ときめきとかね……まあ近所の子だったり……ちょっと遠くても仲良しの子とか……」

ジュン　「小学校四年生のころ……佐藤ゆうさん。顔がきれいで、かなりアイドル的な存在で、絵に描いたようなお嬢様。クラスの三分の二は好きだったんじゃないかな……」

絹川　(拍手しながら)終了——！　どうでした？　聞けたでしょうか。自分の過去の思い出に(頭の上で手を動かして)行っちゃったりしませんでしたか？　大丈夫でしたか？[113]　じゃあ交代します。Bさん、しゃ

113　参加者に感想を聞くのは大事です。参加者から発言が出たら無視しないで、きちんと対応します。参加者から出たものはどんな発言も、自発的で大事な「芽」です。

べります。Aさん、聞いてください。それから、話に興味を持ってくると、つっこみたくなりますね。「え、それでどうしたの？」とか「いつ？」とか質問したくなってきます。それは相手に興味が湧いたからですので、自然なことだと思います。ただ今の場合は、あえて口を挟まないで、とにかく聞き役にまわってみてください。それではBさんの番です。タイトルは、同じ。初恋ばなし。

一同　ふふふ。

絹川　行きます。3、2、1、スタート！

グループごとに話し出す。

くろちゃん　「……で、その先輩がふっと目の前を通ったのね。その時になんかすっごいかっこいいって思ったんですけど、それが初恋じゃないかなあって……」

コージ　「……相方のほうも……」

【バリエーション4】

相手の話を「聴く」エクササイズは、これ以外にもたくさんあります。

① **いっせいに話す**——二人組で行います。それぞれは自分が話したいテーマを決めます。そして両者が同時に自分の話をします。そ

して自分の話をしながら、相手の話を聞くのです。一分間ぐらいやって、相手の話が聞けたかどうかフィードバックします。

②いっせいに話す＋スイッチ――①の「いっせいに話す」にスイッチ（交代）を加えます。三人一組になって、二人が決めたタイトルで話をします。たとえば、ひとりは架空の昔話、もうひとりは料理の作りかた。三人目は二人の話を聞いて、あるタイミングで「スイッチ！」とコールをする役です。三人目に「スイッチ！」と言われたら、二人は自分の話をやめて、相手が話していた話の続きをします。自分の話もしながら、相手の話も聞くという高度なテクニックを磨きます。

③3ポイント――三人組で行います。AさんとBさんが向かい合って立ちます。Aさんは動く役、BさんはAさんが「鏡」に映っている姿。つまりAさんの動きを真似します。Cさんは、鏡役のBさんに、いろいろな質問をします。たとえば「好きな色はなんですか？」「今朝は何を食べましたか？」「何にでもなれるとしたら、何になりたいですか？」など。Bさんは、Aさんの動きを真似しながら、Cさんの質問に答えなくてはなりません。このエクササイズは、質問者を二人に増やすことも可能です。長い時間でやる必要ありません。一分程度でいいでしょう。

▼架空のお題で話す

絹川　それではさらに「架空のお題」で話してみましょう。架空の世界は「IF《イフ》」の世界。「あるかもしれないなぁ～」とイメージをふくらませてしゃべってみてください[114]。さっき初恋の話をしたときには、初恋のことを思い出してしゃべったでしょう？　絵を思い浮かべましたね。架空のお題のときも、「あるかもしれないなあ」と絵を思い浮かべてみてください。

じゃあ、その前にペア変えようかな。ペア変えてA、B決めてください。A、B。A、B。(一同すぐに動く) じゃあAの人しゃべります。お題は……『実は私のおしりには尻尾が生えているんです』。

一同　ええ～。(笑)

絹川　「そんなことあるわけない」とか思わないで、「もし尻尾が生えていたらどうするだろう？」と、イメージしてみてください。行きますよ。一分。

りょうすけ　一分も……。

絹川　(間髪をいれずに) 一分。いきますよ。3、2、1、スタート。

グループごとに話し出す。

ジュン　「実は誰にも話してないんですけど、わたし、悩みがありまして、実は尻尾が。」

コージ　「しっぽが。」

114　演劇をやったことのない人たちですと、いきなり架空の話をすることに抵抗があるかもしれません。上記の場合は、すでに自分の話をしていますし、それまでの様子を見ていて、できそうだったので、架空のお題を出すことにしました。逆に演劇経験のある人達なら、すぐにできるかもしれません。このあたりは、参加者の様子を見ながら決めていきます。

ジュン 「あるんですよ。……」

絹川 （拍手をしながら）終了〜。アイデアに間違いはありません。このアイデアは正しいとか、このアイデアは間違っているとかありません。自分のアイデアはつまらないんじゃないかと疑って、自分の想像力にフタをしないでくださいね。**【スライド❺ 想像力に間違いはない！】**「こんなこと言ったらバカだと思われる」って止めてしまうと、せっかくの可能性の芽を自分で摘んでしまうことになります。もしかしたら、最初は自分では納得いかないアイデアかもしれない。自分のイメージとはちょっと違うアイデアかもしれない。けれど、まずは出していくと、だんだん「自分でも納得いく」アイデアが出てくるようになります[115]。まずはダメだと思わないで、ドンドン出してみてください。じゃあ、今と同じペアでいいので……あ、まだBがしゃべってないんだ。Bの人しゃべります。じゃあ、お題は『実は私はスパイダーマンなんです』。

一同 スパイダーマン！

絹川 スパイダーマンって、ほらあのこう……（壁を手で登るしぐさ）

一同 はいはい。

絹川 『スパイダーマンなんです』これで1分行きましょうか。どうぞ。

【スライド❺】

想像力に間違いはない！

- とにかく
  浮かんだことを表現してみよう
- アイデアに間違いはない！
- 自分の可能性にフタをしないで！
- 失敗を恐れるな！
- 楽しもう！

115 自分のアイデアの噴出にフタをして、自分を抑えている人、なんと多いことでしょう。自分の表現やアイデアを「ダメだ」と思わないで、とにかく出し続けてみようといつも勇気づけていきたいです。

一分後。

絹川 （拍手をしながら）終了～。オッケーいいでしょう。

絹川 どうでしょう。話をしていて、「ここが面白かった」「ここが良かった」っていうところを、それぞれフィードバックしてください[116]。三十秒です。どうぞ～。

それぞれのペアで話し終えて。

絹川 それじゃあ、さらに言葉をぽんぽん出すエクササイズをしますね。**メトロノーム**っていうゲームです。立った方がいいかな。一人がメトロノームみたいに、カチカチと手を（両手を大きく広げて打ち鳴らす）叩きます。見ててくださいね。手をパチってやった時に、相手は単語を入れます。浮かんだものを、単語をとにかく言います、それだけです。（ペアのまゆこに）はい。

まゆこ （絹川の手拍子に合わせて）「いす、机、弁当箱、おにぎり、くもの巣……」

絹川 はいもうちょっと。

116 参加者に、ポジティブなフィードバックを要求しています。
ポジティブな感想は、自分や相手に自信を持たせてくれます。もう一回やってみようという気持ちにさせてくれます。ワークショップでは「特別面白いアイデアを出す」必要はありません。「自分にとって面白いものを表現する」ことができる自尊心を養うことが必要です。極端に言ってしまえば、アイデアは面白くなくても構わないのです。まずは創造的な環境づくりが大事です。これさえできれば、失敗でへこむのではなく、失敗から何かを学ぶ力が備わるからです。

まゆこ　えっと……「くもの巣、タオル、トマト、りんご、白雪姫、七人のこびと、魔女、つぼ、やもり、いもり、料理教室、先生、この……包丁……」（途切れる）

絹川　はは。ドカーンて感じですね[117]。はい、そういう感じですね。単語を、出てくる単語をドンドン言います。それぞれの単語に関連はなくていいです。浮かんだものを直感的にドンドン言うエクササイズです。やってみましょうか。今のペアでいいですよ。はい、どうぞ。

ジュン　「雷、おやじ、地震……」（止まって）

絹川　はは。ドカーン！

コージ　ドカーン！

絹川　交代しましょう、交代しましょう[118]。

モモ　「畑、とび、カラス、かまきり……」

コージ　「ブラインド、窓、机、いす、マジック、赤、黄色、レモン、はちみつ、かぜ、熱、とんぼ、校庭、からす、学校……」

絹川　いいですよ、（詰まった人ペアに）ドカーン。交代しましょう。

ジュン　「ビル、銀座、三越、デパート、スーパー、八百屋、くだものや……」

絹川　あはは。ドカーン。交代、交代。

絹川　（拍手をしながら）オッケーいいでしょう。今度は三人組になります。ここ三人組、ここ……。（と、まとめていく）あ、野郎ばっかりだ。

117　文章だけだと分かりづらいのですね。自分が爆発する感じです。両手をあげて、「どっか～ん」と（苦笑）。「できない」という現象をユーモラスに捉えるための「遊び」です。ユーモアのある表現をすると、その現象を肯定的に受け止められますね。

118　ここではあえてフィードバック無しで、すぐに交代を促しました。あまり反省しないで、とにかくどんどんトライしてみるときには、役割交代をスピーディに行なうと、「いい／悪い」を気にする暇もなく、「やること」に集中できるように思います。

119　あんまりいい表現ではありませんね～（苦笑）。これは「男性ばかりのグループになってしまった」と言うことです。性別だけではなく、年齢、職業などによってもグループの雰囲気は変わります。なぜか日本では、男性だけのグループだと「自分は失敗できないぞ」という緊

（笑）[119] まゆここ入って。こうちゃん抜けて。三人グループで行きます。Aさんは何かをしゃべります。BさんとCさんは、Aさんの話を聞くだけではなくて、Aさんの動きを真似します[120]。例えば、ジュンさん、『朝起きてからここに来るまで』を私たちにしゃべってください。私たちは動きをまねします。それから、言葉もできるだけ同時進行でまねするようにします。

りょうすけ　しゃべる……。

絹川　そう、しゃべります[121]。つまり、相手にすごく集中することになります。やってみましょう。じゃあ『朝起きてからここに来るまで』。どうぞ。

ジュン　「まず朝、ご飯を食べました。健康を考えてバナナをジュースにしてそれで一気飲みをしました。それからジョギングをして、着替えて、なぜか約二時間くらい眠って、起きたら、もう十二時だったので、で、銀座に電車に乗って来ました。」

　絹川とまゆこ、ジュンが話す言葉を全て同時に真似する。

絹川　は〜い、そういう感じですね。できるだけ細かいところも、真似してみてください。やってみましょうか。はい。じゃあ、A、B、C決めて、Aさんから行きます。

モモ　はははは。

張感が漂い、女性だけのグループだと何となく遠慮する雰囲気が漂う場合があります。（もちろん、必ずしもそうとは限りません）男性だけのグループに女性が入ると、グループの雰囲気がちょっと「やわらかく」なるような気がします。女性だけのグループに男性が加わっても、雰囲気が変わります。グループになるときは、そんな雰囲気の違いも感じながら進めています。

120　相手を真似することで、自分にはない表現を身につけることができます。これは自分の表現の幅を広げることにもなります。

121　ボランティアを参加者にお願いするとき、誰を選ぶかはとても大事です。慎重に行います。ここを間違うと、他の参加者がやる気を無くしてしまうこともあるほどです。私は自分と目が合った人にお願いします。ボランティアをやりたくない人は、まず目を合わせません（苦笑）。あとグループのボス的な人や目立ちたがりやも選びません。適度にやる気があって、適度に光りがあたっていない人にします。成功すると、この光りの当たっていない人が一躍グループの人気者になることもあります。そのためには、絶対にボランティアに恥をかかせないように、相手がステキに見えるようにデモンストレーションを行うこと。もしくは恥をかいてもへっちゃらな性格の人を選ぶこと。

絹川　架空のタイトルを出しますので、

モモ　架空……？

絹川　イメージして、やってみてください。じゃあ、お題は……『アマゾンに行って、ワニがいます。ワニをつかまえてハンドバッグを作る』。

一同　ははは。

絹川　ハンドバッグを作るのを忘れないでくださいね。二人は真似します。よく見てくださいね。それではいきましょうか、一分間です[122]。どうぞ。

【モモ・くろちゃん・げんたのチーム】

モモ　(直立のまま)「私はアマゾンに行って……」

絹川　動いて、動いて[123]。

モモ　(動きをいろいろ付け加えながら話し始める)「アマゾンに行って、奥に行くと、……奥をゆっくりと……アレなんだろう？　大きいワニでした。それを私はモモを持って、あの、引き金がついているのをひと狙いでピシュって。ワニが暴れましたが、私はワニをくうーって……」

絹川　(くろちゃん・げんたに)まねして、まねして。

絹川　(拍手をしながら)終了～。どうでしたか？　目の前に人がいるので、ちょっと焦ってしまうかもしれませんが、空想を楽しんで。空想

122　エクササイズを始める前に、おおざっぱな時間を提示すると、参加者が落ち着いて活動をすることができます。でも「かっきり」その時間にする必要はないかなと思います。もちろん参加者全員を平等に扱うためには、みんな同じ時間の長さを体験することは大事だと思います。

123　動いて、動いて、というのは雑なサイドコーチですね。もっと具体的に指示すべきでした。ストーリーを語るとき、初心者はアクションを忘れがちです。しゃべることに意識が向きすぎてしまうようです。このエクササイズは「動きを真似る」ことが目的ですので、まずは大きめの動きをしてもらえると、真似るほうがやりやすいです。もちろん、小さな動きをピックアップするのは、さらに高度です。今回は初心者が対象だったので、アクションを起こすエクササイズを先にやるなど、工夫が必要だったかもしれません。

に間違っているというのはありません。皆さんが想像したこと、それでオッケーです。

想像力をふくらませるという行為は、演劇人の専売特許と思われがちですが、そうでもないかもしれません。大人が「こうなるといいな」とか「ああなるといいな」と想像することは、社会にとって大事な力なんじゃないかしら[124]。それから空想の世界をイメージするって、すっごく脳の活性化になるんですって[125]。アンチエイジングらしいです！　なので、ぜひ楽しんでチャレンジしてください。それじゃ今度Bの人やります。お題は、ええと海に行きます。海の中で、おと、おと……竜宮城の人。誰だっけ？

モモ　乙姫様。

絹川　そう！　タイトルは『乙姫様に会いに行く』。乙姫様から「来てね」という招待状をもらったので、会いに行く話です。はい、それではどうぞ。

【まゆこ、りょうすけ、ジュンのチーム】

まゆこ　「……きれいなドレスっていうか、着物を着てね。……座ってですね、私が待っているわけですよ、そうするといっぱい料理を運んでくるから、……働きますよって皿洗いをする……」

絹川　（拍手をしながら）終了――。乙姫様に会えましたか？[126]

124　「想像する」ことについてはコラム⑳『想像力』は誰にでもある」（144ページ）でも述べたように、「想像力」は子どもだけのものではありません。大人にも必要です。

125　139ページ・コラム⑭参照。

126　ストーリーづくりをするとき、初心者に対しては、目的がはっきりしているタイトルを言うようにしています。もちろん即興ですから予想通りにはいきませんが、行くべき方向がはっきりしていると、ストーリーを作りやすいのです。（132ページ・コラム⑧参照）しかし不思議なことに、目的ははっきりしているのに、なかなか目的を達成できない場合があります。たとえば会いにいくのが目的なのに、「行く前に、買い物をしていこう」などと道草してしまうのです。これを「ブリッジング」と呼びます。目的に向わないストーリーだと、いつまでたっても本筋にならないので、「どうでもいいストーリー」になりがちです。まずは目的のはっきりしたタイトルで、そこから素直にストーリーを作っていくのが、おススメです。

モモ　まだ（笑）。

絹川　ははは。会ってくださいね。目的に向かってくださいよ～。遠回りをしてしまうのは、脳みそが「核心に行かないように、行かないように」しているからですよ～[127]。それを乗り越えて、先に進んでみてください。じゃあCさんやります。タイトルは、『台風で、屋根に登ってアンテナを直す』。

モモ　アンテナ知ってる？

くろちゃん　知らない？

げんた　……

絹川　こう、（マイムで表現しながら）アンテナ。屋根についてるやつ。昔あったんだけど。

げんた　……（わからなかったようだ）

絹川　じゃあ、ええと、タイトルを変えて、『東京タワーに上って、頂上のアンテナを直す』にしましょう[128]。（一同笑）頂上に行ってくださいね。余談ですが、本当にそういう仕事あるんですよ～。はい、それでは行きましょう。一分です。どうぞ。

【まゆこ・りょうすけ・ジュンのチーム】

ジュン　「さあ、東京タワーのアンテナが折れかけているから……これから一丁登って、まずは……ハンマーを片手に、ガンガン……」

127　前項で述べた「ブリッジング」のことです。（『インプロゲーム』182ページ参照）

128　もちろん参加者が分からないタイトルは出しません。特に初心者には。

【モモ・くろちゃん・げんたのチーム】

げんた　「……かなづちを……」

絹川　（拍手をしながら）終了――。どうでした、どうでした？

「聞く」という作業を考えたとき、普段の会話では、相手は相手、自分は自分という「距離」があります。でもこの場合は、相手に寄り添う感覚があります。相手の状態を体で体現する感じ。人はいろんな癖があるし、声も高い人／低い人、いろいろです。できるだけ、すべてを真似します。相手が自覚している「記号的」な動きだけではなく、相手が自覚していない、無意識な動きもピックアップできるようにしてください。相手が、話すことが終わってしまって「ど～しよう～、もう話すことが無くなっちゃった～」と言っていたら、それを丸ごと真似します。これは自分のいつもの表現から離れて、相手の表現をしてみることでもあります。それは生まれてこのかたやったことのない動きかもしれません。自分流から離れて、相手の立場に立つということです。

絹川　じゃあ、ちょっと一回座ろうかな。二人組になって座ってくださ～い。**『スピットファイヤー』**っていうのをやりますね[129]。

129　今、客観的にこの流れを見ると、ここで「スピットファイヤー」は早すぎたかなと思います。ちょっと難しすぎたかも。もう少し簡単なエクササイズをやってからのほうがよかったかも。

●5 イエス・アンド！

絹川　今度はお話づくりに「即興性」を加えます。「変化に対応する」がテーマです。ひとりで話しを作る時は、自分の思い通りの話を創ることができます。しかし即興演劇はいろいろな人と創ります。自分が想像もしないようなアイデアが出て、それに対応し、リアクションすることが必要となります。そのためのトレーニングを、遊び感覚でやってみたいと思います。

（コージに）ちょっとこっちに座ってくれる？　まず一人が話をします。で、話している最中に、聞いている相手の肩をたたきます。（と、コージの肩をたたいて）肩をたたかれた人は、話されている話の文脈とは全然違う単語をひとつ言ってください。話している人は、すぐにその単語を使って、話しを続けます。ひとりで話をするなら、考えたとおりの話ができるんですが、全然違う単語を入れられてしまうので、それを否定しないで使っていきます。つまり変化を受け入れて使っていく。で、また落ち着いたなあと思ったら、また変化をもらう。で、また使っていく。つまり柔軟に自分が対応するためのトレーニングです。じゃあまず、私がやってみますね。うまくできるかどうかわかんないけど[130]。じゃあ、ええと何かお題をもらおう。職業ください。なんでもいいです。学校の先生とかスチュワーデスとか。なんか。

モモ　ダイバー。

130　ファシリテーターがデモンストレーションをするのは、大事なことだと思っています。自分ではデモンストレーションしないファシリテーターもいますが、私はやります。

絹川　ダイバー！「あのねえ、やっとダイバーの免許を取ったんですよ。」（と、すぐさま始める）

モモ　うわぁ。

絹川　「ええ。それで海に飛び込むことになりました。」（コージの肩をたたく）

コージ　カーテン。

絹川　「カーテン地でできた、派手な新しいスーツなんですよ。大丈夫かなあと思ったんですけど、すごくカラフルだからいいかなと思って飛び込みました。そしたらねえ、やっぱりカーテン地なので水を吸っちゃうんですね。で、おぼれそうになっちゃって」（たたく）

コージ　黒板消し。

絹川　「黒板消しで（と、大きく消す動作をしながら）人生を消されてしまうのかと思うぐらい危機状態になって、もうウワ～このまま死んでしまう、私の人生は黒板消しで消されてしまうのかしら、と思ったんですよ。そしたらそこにね、」（たたく）

コージ　チャゲ&アスカ。

絹川　「チャゲ&アスカが、なんと泳いでいるではありませんか！（一同笑）『大丈夫かーい』なんつって。二人組で、ギターを持っていたのですぐわかったんですね。『チャゲアス～！』って言ったら、最近人気がないからこうやって海の中で仕事してるんだって言うわけですよ。（笑）こうして私はチャゲ&アスカに助けられて、ありがとうって言っ

デモンストレーションは特別に面白い必要はありません。「やり方」が分かればいいです。しかし、ファシリテーターがあまりに「できていない」とか、デモンストレーション自体が「面白くない」と、参加者がファシリテーターに不信感をいだいたり、エクササイズに対してあまり興味が持てなかったりするかもしれません。私は現役のプレーヤーでもあるので、できれば参加者が「これは面白い」って思ってくれるようなレベルのものができるといいなと思います。

ちなみに、デモンストレーションはすべてのエクササイズでやる必要はないと思います。人は見たものに影響されがちですので、デモンストレーションでやったことを「正解」のように受け取ってしまいがちだからです。デモンストレーションはあくまでも「やり方」の説明です。たとえば面白すぎる／奇抜すぎるデモンストレーションは、参加者に「こんなことはわたしにはできない」とか「こんなに面白くしなくてはならないのか。失敗できないな。」などの気持ちを起こさせがちです。

たら」（たたく）

コージ　モアイ像。

絹川　「モアイ像。この水中モアイ像を拝んでくれよ、って言うんですよ。そこはなんと、モアイ島だったんです。私は『これからはちゃんとしたスーツでおぼれないようにダイバーとしてがんばります』と、水中モアイ像に祈りました。すると、」（たたく）

コージ　九十歳。

絹川　「九十歳になるおじいさんがやってきて、『ん、その祈りはきっとモアイ像に通じただろう。君を水中モアイ像の専属ダイバーとして、モアイ像を管理人に任命しよう』と言われ、私はその島で仕事をすることになりました。終わり」。

一同（拍手）

絹川　そんな感じ[131]。いやぁ〜アップアップしました〜[132]。今、何が起こっていたかを解説しますと[133]、まず自分ではダイバーの話をしたいわけですね。ですが、全然違う単語を入れられてしまうわけです。最初の単語は「カーテン」でした。わたしは「ええ!?」と思うわけですね。自分としてはこういう話をしたいのに、予想外の関係ない単語を入れられてしまう。普段だったら、「そんなことないよ」と否定したり、「知らない」と無視したりしたくなるんですが、ここでは否定しないで、相手の言葉を使っていきます。実は「カーテン」って言われた

131　デモンストレーションは、あくまでもやり方の説明なので、「〜な感じ」という曖昧さでしめくくりました。「こんな風にやってくださいね」と「見本」のような提示の仕方をすると、誤解される可能性があるのでさりげなく配慮しています。

132　デモンストレーションの終わりは、いつも明るく。上手くいかなくても気にしないのです。

133　このような解釈は必要ない場合もあると思います。逆に、プロセスについての解説をすることで、「できない／難しい」という偏見を、事前に、ある程度、払拭できるような気もします。

とき、私には全然アイデアはありませんでした。なかったのですが、まず「カーテンが」って先に言っちゃいます[134]。つまりアイデアがなくても、すぐに受け取ってしまうわけです。考えるより先に行動しちゃうわけです。面白いことに、「カーテンが」って言うと、想像力が動き出します。カーテンが映像として見えてくると、想像力が勝手に、イメージを広げてくれるのです。もしこれが「カーテン」と言う前に、「だめだ」とか「そんなことできない」とか思ってしまったら、もうそれ以上は自分のアイデアは出てこなかったと思います[135]。想像力が動かないです。頭の中は「分からない」で一杯。(苦笑)なので、できるかどうか、ちょっと恐いと感じるかもしれませんが、まずは「カーテンが」って口にしてしまってください。そうすると何とか想像力が動いてくれる。人間には誰にでも想像力が備わっていますので、そこを信じてください。なんとかアップアップしながら作り上げると、安心したところで違う言葉が入るので、また「キャー」って焦りますが、それを何とか使います。また、単語を入れる人は、話を聞いていると、そのイメージを一緒に分かち合っていますから、関連する単語を言いたくなってしまうんですが、心を鬼にして全然違うところから全然違う単語を持ってきてください。刺激ですから、「これを言ったらどう使ってくれるかな」っていう遊び心で入れてあげてください。その方が、相手の練習になります。しゃべる人、もう少し単語がほしいなと思ったら、また肩をたたいてください。

134　アメリカのインプロバイザー、ランディ・ディクソンさんが分かりやすい「たとえ」を使っています。《もし普通の人が、崖から、飛行機で飛び立つ場合、まず飛行機を作って、飛行機ができてから乗り込んで出発します。けれども、即興でストーリーを創るということは、飛行機ができていないのに、崖から飛び降りて、飛び降りながら飛行機を作って、それに乗り込むのと同じこと。もしかしたら、飛行機が創りきれなくて地面に激突してしまうかもしれないけれど。》つまり、相手からもらったアイデアの正当化が思いつかなくても、まずはアイデアを取り入れてしまうということです。まず崖から飛び降りて、そして考えながら創作するのです。

135　ネガティブな思考だと、脳が活性化しないのです。

ちなみに、このエクササイズは『スピットファイヤー』っていう名前がついています。スピットファイヤーっていうのは戦争中の戦闘機の名前なんですって。きりきり舞いをしながらこう（と、手をひらひらさせて）いくっていう。つまり、このエクササイズはきりきり舞いします！　みなさんも、きりきり舞いしてくださいね～[136]。やってみましょうか？（一同笑）ね、ね、ね。やってみましょう[137]。A、B決めてください。（参加者、ABを決める相談を始める）それではAの人、しゃべりますよ。Bの人単語入れてくださいね。どっちにしても交代しますからね。それではタイトルは、『おつかいに行く』。それでいきましょう。どうぞ。

【りょうすけ&まゆこ】

まゆこ　「おつかいに……近所のスーパーに出かけました。お母さんに頼まれたので、（笑いあう）買い物しようと思ってお財布持って、夕飯のおかずを買いに。そしたら」（たたく）

りょうすけ　自転車

まゆこ　「自転車が並んでいるんですよね、スーパーの駐輪場のところに……」

【げんた&ジュン】

げんた　シュノーケル。

136　これも「結果」が大事なのではなく、「やってみること」にフォーカスをあてるためのコメント。難しいエクササイズだってことも、分かっていますよ、大丈夫ですよという、サインでもあります。

137　人は「結果」ばかりにフォーカスがいきがちですが、上手くできるかという結果ではなく、やってみること自体が大事なのです。それを促しています。

ジュン　え？
げんた　シュノーケル。水中めがねみたいなの。
ジュン　「シュノーケル（笑）シュノーケルかぁ……ええ、まあ、たまたま道に落ちてて、それをかぶって、それを身につけてもう一度歩いて行ったら……」

【モモ&くろちゃん】
モモ　宇宙人。
くろちゃん　「ダイコン買って、やれやれと思ったらあたりが周りがすごい明るくなっちゃって、ふっとみたら『２００１年宇宙の旅』みたいなＵＦＯが空に浮かんでいるわけですよ。なんだ、これは！　と思っていたら宇宙人がダーっと下りてきて『そのダイコンを譲ってほしい』って。」
モモ　ははは。

絹川　（拍手しながら）終了〜。どうでしたか？　生まれて初めてやったと思うので、上手くいったり、いかなかったりあったと思いますけれども[138]。どこが楽しかったか、シェアーしてみましょう[139]。

【それぞれのペアでフリートーク】
くろちゃん　小学生になった気持ちになった。けっこうお話つくるの

138　実際、そうなのです。生まれて初めてやったことなので、上手くいかなくて当たり前。なのに人間とは欲深なもので、やったことに対して「上手くできた」「上手くできなかった」という評価が欲しくなってしまいます。まずは「初めてやったね！」という地点を味わってもいいんじゃないでしょうか。そして自分がどう感じたか。それをシェアーする。そのことのほうが大事なことのように思えます。

139　「上手くいかなかった」というフィードバックにならないように、すでに「楽しかったことをシェアーする」というファシリにしています。ネガティブなフィードバックは、やる気を無くすだけで、改善されません。改善するためには、良いフィードバックをもらって、次の課題を明確にすること。

が。

モモ　ああ、そうですか。

くろちゃん　それをすごく思い出しました。

モモ　うまかった、すっごく。メモしたくなっちゃった。

絹川　自分がポッと出したアイデアを、相手が使ってくれると嬉しいよね[140]。

モモ　こう来たか、みたいな。うお〜って。

絹川　そのへんが感じられるといいなって。

絹川　しつこく言いますけど、アイデアにいい悪いはありません。「自分のアイデアは面白くない」とか「相手のアイデアは面白くない」とか、ジャッジする癖のある人が時々います[141]。自分に対して、もしくは他者に対して、厳しすぎるんですね〜。これだとまず自分の可能性にフタを閉じてしまうことになるので、もったいないです。今はもう「どひゃー」って言うのが出てきてもいいですから、とにかくやってみること[142]。

まぁそうは言っても、なかなか上手くいかないときもあります。上手くいかないっていうことは、アイデアが出ないとか、ど〜うも調子が出ない／楽しめないとか。なぜ、そういう状態になるのかを少し考えてみました。**【スライド❻どうしてうまくいかないの？】**どうしてう

140　自分のアイデアを他者が使ってくれると、とても嬉しくなります。このコメントは、本当はここで「イエス・アンド」の良さを説明したくなっていたのですが、説明しないで、状況を言葉にしています。ここから誰かが、私の意図に気づいてくれるといいなとぼんやり期待しながら。

141　本当は「たくさん」いるけれど、参加者に対する批判と受け取って欲しくなかったので、「時々」という言葉を使っています。細かいことですが、こういう言葉の選択も意識しています。

142　スポーツプレーヤーが、自分自身の能力を最大限に発揮できない理由として「負けることや失敗の恐れ、自分自身の能力への疑問、見栄、計算といった自我の活動」であると、『インナー・ゲーム』のW・T・ガルウェイはいいます。それが自分自身の本来の能力発揮を、しばしば妨げているのです。つまり私たちは、自分で自分を無意識に不自由にさせているのです。同じことが表現活動にもいえるのではないでしょうか。

まくいかないか。ここでは**七つの理由**を説明します。

まず「絶対こうに決まっている」と、自分のアイデアやストーリーに固執しているとき、うまくいかないです。そのアイデアが生まれたときには、その場に相応しいアイデアだったかもしれませんが、それが頭の中で停滞している間（つまり考えている間）に、「今」はすでに変わっています。アイデアが浮かんだ瞬間は、すでに「さっきの瞬間」なので、あなたのアイデアは「今の瞬間」にそぐわないのです。自分の時には、自分のアイデアを「捨てる」ことが必要となります。自分のアイデアですから愛着があり、捨てるのは難しいかもしれませんが、また新しいアイデアが出てきますので、大丈夫です。

二つ目に、「相手はダメ」とか「自分はダメ」と批判すると、インプロはうまくいかないです。たとえば企業では、新商品を開発するときなどに「ブレインストーミング」を行います。この時に大事なのは「批判をしないこと」だそうです。アイデアをバカにしたり、否定したり、批判する雰囲気だと、アイデアを出しづらくなるので、どんなアイデアでも出してみることを許されるそうです。まずは自分から、どんなアイデアでも「ウエルカム！」と歓迎することが、逆に自分も楽になる方法かもしれません。

【スライド❻】

どうしてうまくいかないの？

・「絶対こうに決まっている！」……（固執）
・「自分（相手）はダメだ！」………（自己［他者］批判）
・「それはいい　それは悪い」………（減点主義）
・「そんなことあるわけない」………（想像力の欠如）
・「失敗したくない！」………………（変化を恐れる）
・「ねばならない」……………………（遊びごころ紛失）

↓

いっきに解消！
インプロにヒントが！

三つ目に、良い悪いで物事を判断しようとすること。数学のように「2＋2＝4」など正解が一つ決まっている世界もありますが、想像の世界は一つの「正解」があるわけではありません。いわば「正解のない世界」です。この二つの世界をごっちゃにすると、創造性を活かす作業になのに、一つの正解を求めてしまったりします。子どもの頃から、ずっと「正解は一つ」という考え方を強要されてきましたから、それは仕方ないことかもしれません。しかし、何度も言いますが、想像の世界は「正解のない世界」むしろ「正解がたくさんある世界」です。それを軸にすると、私たちはもっと自由になれるのではないでしょうか。

四つ目に「そんなことあるわけないよ」と、最初から諦めてしまう態度の場合。企業研修でインプロを使うと、たまにそういう考え方の方々に出会います。架空の物語を創ろうと促すと、「そんなことをして何の意味がある？　それが私の仕事とどう関係するんだ？　会社の利益になるのか？」とおっしゃるのです。確かに直接の「利益」にはならないかもしれません。しかし想像力は、未来を予想する筋肉なのです。その力を鍛えるためのトレーニングなのですから、目先の利益よりもむしろ永遠に使える力なのではないでしょうか。

五つ目に「失敗したくない、変化したくない」と思う気持ちがあります。日本では一般的に「失敗＝ダメなこと」というイメージがあり、「失敗」という言葉に、「ダメ」という意味がべったりくっついているように思えます。ですから、たくさんの人は「失敗」を恐れます。しかし冷静に考えると、数々の発明は、山ほどの「失敗」から生まれました。失敗をするからこそ、新しいものが生まれます。「失敗」は悪いことではありません。むしろ「失敗を楽しむ」ぐらいになることです。

六つ目に「ねばならない」に縛られているとき。「やりたくないのに、やらされている」だとうまくいかないですね。楽しむことについても「楽しまなくてはならない」になると意味が変わります。エクササイズをやるときに「ルールを守らねばならない」だと、とたんに面白くなくなってしまう。「ルールを守ること」が目的にならないようにしましょう。

七つ目に「相手をコントロールしたい。自分の思い通りにしたい」と思うと、上手くいきませ〜ん。即興演劇では、どんなにがんばっても、自分の思い通りにはなりません！　相手から影響を受けて、変化する自分を楽しむことがポイントです。

このようなポイントをなぜお話したかというと、これらの問題を解決するために、インプロのトレーニングが生まれたからです。キース・

ジョンストンが「インプロのゲームは、俳優の悪い癖を直すために作った」とおっしゃっていました。さっきやった『スピットファイヤー』も、まさしくそうで、他者のアイデアに対して、「そうじゃない」とコントロールしないで、柔軟に対応するためでした。ではコントロールに気づくエクササイズが、もうひとつあるのでやってみましょう。

『ワンワード』って言います[143]。輪になります。（全員で輪になって）全員で一つの物語を作ります。しかし、ひとりは一言しか、しゃべることができません。例えば、最初の人は「私は」までしかしゃべることができません。次の人が、それに付け加えます。たとえば「海に」、次の人が「行きました」。こうして、一言づつ言葉を付け加えて、文章にしていきます。じゃあ、もう少し輪を小さくしてみようかな[144]。（全員で寄り添って輪を小さくする）じゃあ、何かお題をもらおうかな。じゃあ、つじさん[145]。

つじさん（カメラマン）　はい。

絹川　なんかお題がほしいんですけど。職業をください。

つじ　職業。

絹川　うん。さっきダイバーが出ましたので、違うものがいいな。

つじ　インテリアデザイナー。

絹川　おお。インテリアデザイナー。じゃあ、『私はインテリアデザイ

143　シンプルなルールなのにも関わらず、とてもたくさんの学びが得られるエクササイズです。人間は「予想する」生き物なので、「予想」するのは当たり前なのですが、それに縛られすぎるときがあります。予想することによって生まれた自分の考え方によって、「相手をコントロールしたい。自分の思い通りにしたい」という気持ちが生まれます。そういう自分の癖に気づくことができます。予想しないで「今の瞬間」にいる感覚を得るためには、まずスピーディにやってみることがお薦め。脳が適度な刺激で忙しくなり、今にいられるようになるのです。しかしスピードばかりを追い求めると、人によってはストレスを感じるので気をつけましょう。

144　輪を小さくしたのは、親密感を持って、同じイメージを共通するため。こじんまり集まったほうが、「見られてる」という緊張が和らいで、安心してできるため。

145　カメラマンの方からお題をもらいました。場にいる全員を巻き込んでいくことによって、誰一人として傍観者にならない。場を開かれたものにするために、意図的にしたことです。

ナー』という物語を作ります。（始めて）「私は」。

コージ　「新しい」

りょうすけ　「家の」

まゆこ　「設計を」

ジュン　「しました」。

げんた　「しました」……？

絹川　いいですね。ここでひとつセンテンスが終わりましたね。次の文章を作りましょう[146]。どうぞ。

げんた　その……「その」……[147]

絹川　その。そうだね。

くろちゃん　「新しい家で」

絹川　長い！

一同　（笑）

モモ　「家具を」

絹川　「デザイン」

コージ　「したら」

りょうすけ　「友達が」

まゆこ　「たくさん」

ジュン　「集まって」

げんた　「来たから」

くろちゃん　「楽しく」

146　げんたくん、ちょっと困っていたみたいなので、すかさず、私のコメントを入れました。フォローしたつもりです。

147　「その」で一言です。日本語は、どこまでが「一言」か分かりづらいですね。「もっとたくさん言わなくてはいけないんじゃないか」と思う場合がありますが、一言です。

モモ　「パーティを」
絹川　「しました」。
コージ　「私の」
りょうすけ　「隣に」
まゆこ　「座った」
ジュン　「外国人は」
げんた　「きれいな」
絹川　おお[148]。
くろちゃん　「フランスの」
モモ　「男性」
絹川　「でした」。
コージ　「早速」
りょうすけ　……「挨拶」。
一同　（笑）
まゆこ　「して」、
ジュン　…………「そして」
絹川　ははは。いいよ、いいよ[149]。
げんた　「こう言いました」。
くろちゃん　言いました……？（笑）「私は」
モモ　「日本の」
絹川　「インテリア」

148　今回は、げんたくんがすらっと言えました。しかも「きれいな」という言葉。私は嬉しいのと元気づけたいのとで、大きなリアクションをしています。

149　わたしはワーク中によく笑います。間違ってもいいってこと、楽しむことをお伝えしたいので。

コージ　「デザイナー」

りょうすけ　「第一人者」

まゆこ　「なの」。

ジュン　…………（宙を見て）「私は」、

げんた　「私は」って誰？[150]

一同　（笑）

ジュン　インテリアデザイナー。

げんた　「初めて」

くろちゃん　「あなたと」

モモ　「目があって」

絹川　「すっかり」

コージ　「とりこに」

りょうすけ　「なりました」。

絹川　ああ。

まゆこ　「今度」

ジュン　「もっと大勢の人を呼んで」

絹川　長い。（一同笑）[151]

げんた　「お食事でも」

くろちゃん　お食事でも……？　「しませんか？」

絹川　オッケーいいですね〜！（拍手をして終了する）そういうことです。やり方は分かりましたね〜。

150　げんたくんが、やることを中断して質問したことに対して、みんなが笑いで返しています。寛容な雰囲気です。グループによっては、ルールを守れない人に対して厳しい態度をとることがあります。しかしルールを守ることが大事なのではありません。実践を通して気づきを得るのが目的です。ファシリテーターは参加者みんなが、寛容な気持ちになれるように、場づくりをする必要があります。

151　ワンワードをやると必ずおこる「しゃべりすぎ」。そんなに神経質にならなくてもいいと思いますが、どうして長すぎてしまうのかというと、いろいろな理由がありますが、主に「自分のアイデアを主張したい」というときに起こるようです。ワンワードは一言しかしゃべれないので、たくさんイメージが沸いている人にとっては「もっとしゃべりたい」という気持ちになるのです。イメージが膨らむことはすばらしいことなのですが、ここはあえて「相手に譲る」つもりで、意識的に短めにします。そして「相手がどうつなげてくるか」を楽しむ感覚。これがコラボレートションの醍醐味であります。

自分のところに話しが回ってくる間に、「こうなるだろうなあ」って予想しても、絶対そうはなりませんね。（一同笑）自分のところに回ってくるときには、もう全然違う展開になっていて、準備していたものは使えないのです。むしろ予想していると、予想に捕われて、新しい発想が出てきません。ギリギリまで予想しないようにしてみてください。ただ聞いて、素直にイメージを追って、自分の番がきたら、相手の言葉に付け加える。それだけ。では今度は、「うーん」って詰まってしまったり、自分の予測に捕われて止まってしまったりしたら、「やり直し！」って（バンザイして）しましょう[152]。ここはトレーニングですので[153]、正々堂々と詰まっちゃったら「やり直し！」してね。じゃあタイトルは『木を植える』。（すぐに開始して）「私は」、

コージ　「小学校の頃」

りょうすけ　「先生と」

まゆこ　「一緒に」

ジュン　「木を」

げんた　「植えました」。

くろちゃん　「その木は」

モモ　「あかり」

絹川　……

モモ　あかり……

152　これはキース・ジョンストンから教えてもらった方法のひとつ。「上手くいってないと思ったら、無理に続ける必要はない。むしろすぐに辞めて、新しく始めたらいい。」とキースは言います。この「やり直し！」は、「やり直しができる」ことを教えてくれます。中には、「やり直し！」に抵抗を感じる人もいます。やり直ししたくないんですね（苦笑）。無理にがんばってしまう。上手くいっていない「今の状況」に「イエス」できないわけです。しかし「やり直し！」という手法を知って、「ものすごく楽になった」という意見もよく聞きます。人間の可能性を教えてくれる、素晴らしい手法だと私は思います。

153　野球で「試合」は、毎日はやりません。素振りをしたり、キャッチボールをしたり、日ごろはトレーニングをします。インプロもそれと同じで、エクササイズを何度もやることで、表現に必要な筋肉を鍛えるのです。「筋肉トレーニング」です。やればやるほど身につきます。最初から自分のできに「いい」「悪い」を決めないように。「自分はだめだ」と決めつけないように。どんどんやってください。

絹川　……やり直し！（バンザイする。一同笑）ごめんね～、私が今一瞬考えました～。「え!?」って思って。考えちゃいました。オファーがわかんなかったりするのもやり直しです。こういう感じ（バンザイして）でやり直します。じゃあ、違うタイトルにしましょう。『動物園に行く』。どうぞ。

コージ　「彼女と」

りょうすけ　「一緒に」

まゆこ　「動物園に」

ジュン　「デート」

げんた　「しに」

くろちゃん　「行きました」。

モモ　「サルの」

絹川　「モンキチが」

コージ　「屋根の上から」

りょうすけ　「私たちを」

まゆこ　「のぞきこんで」

ジュン　…………やり直し！

一同　（爆笑）

絹川　そうです、そうそう[154]。「いま、自分は考えてた」を自覚できたのがすごい！[155]　じゃあ次。『スキーに行く』。どうぞ。（りょうすけに）

りょうすけ　「私は」

154　何度も「そうそう」言っていますね（苦笑）。参加者を元気付けること。応援すること。これがファシリテーターの使命だと思っています。逆に言えば、参加者が自分に自信を持つことができれば、ファシリテーターは「教える」ことなんて一つもないのです。

155　すぐれたリーダーは「自分で自分の感情に気がついて、それをコントロールできる」のだそうです。彼らは「冷静」「無感情」なわけではなく、もしかしたら誰よりも「感情的」かもしれません。しかし感情的になりながらも、そういう自分を「客観的に自覚」できる。自分の心を自由にしておきながら、それを客観的に見ることもできるのです。私たちが陥りやすいことは、客観的になりすぎて、目の前の世界に飛び込んで行けないか、感情にのまれてしまう。大人になると感情的になることは「いけないこと」のように思われる傾向がありますが、実は「感情的になる自分を自覚する」ことこそ大事なのです。

まゆこ　「スキーが」
ジュン　「大好き」。
げんた　「そして」
くろちゃん　「あなたと」
モモ　「スキーが」
絹川　「大好きな」
コージ　…………やり直し！
一同　（笑）
絹川　いいですね。ひとことずつなので、自分の担当する言葉がすごく短い時があります。「その」とかね（笑）。それだけでいいの？　みたいなね。それでいいんですよ。グループで作るっていうことはそういうことです。それぞれがんばり過ぎちゃうんじゃなくてちょっとずつ積み重ねていけばいいんですね。じゃあ、違うタイトル。『プールに行く』。
ジュン　「ある夏」
げんた　「私は」
くろちゃん　「暑かったので」
モモ　「プールに」
絹川　「行きました」。
コージ　「そこには」
りょうすけ　「なんと」

まゆこ 「水着の」
ジュン 「女性が」
げんた 「たくさん」
くろちゃん 「いました」。(一同笑)
モモ ふふ……うわぁ……やり直し！ (一同笑)
絹川 嬉しくなっちゃったのかなと思った。ははは[156]。
まゆこ 女性がたくさん！(笑)
モモ そうか。
絹川 そうですね。楽しくなったのは、きっとイメージを共有していた[157]からですね。次は、『新しいバンドを作る』。
げんた 「高校生の時」
くろちゃん 「僕は」
モモ 「新しい」
絹川 「バンドを」
コージ 「作った」。
りょうすけ 「そして」
まゆこ 「文化祭で」
ジュン 「ギターを」
げんた 「弾こうと思ったら」、
くろちゃん 「先生が」
モモ 「僕も」

156 「やりなおし」へのフォローです。

157 「イエス・アンド」と「イエスマン」は違います。「イエスマン」は、はいはいと相手の意見やアイデアを受け取りますが、自分のアイデアを発言しません。「イエス・アンド」は、受けとるだけではなく、自主的・積極的に主張もします。

絹川　「入れてくれよと」
コージ　「言ったので」、
りょうすけ　「友達と」
まゆこ　「相談して」
ジュン　「決めました」。
げんた　「先生は」
くろちゃん　「僕は」
モモ　「ボーカルが」
絹川　「やりたいなあ」
コージ　「と言うので」
りょうすけ　「しょうがないから」
まゆこ　「ボーカルに」
ジュン　…………やり直し！　（一同笑）
絹川　いい感じになりましたね。最初にやったときと感覚が違うでしょ？[158]　なんかすんなり行く感じ。今度は、人数を少なくしていきたいと思います[159]。ふたつのグループに分かれましょう。（ふたつのグループに分ける）今度はもっと早くまわってきますよ。タイトルは、『僕はボクサー』。やり直しになったら、新しいタイトルで始めてください。どうぞ。

【コージ・モモ・りょうすけ、くろちゃんのチーム】

158　エクササイズの「切りどころ」は大事だと思います。マニュアルではなくてセンスかも。ポイントは、参加者が「退屈」だと感じるまえに切ること。「もっとやってみたい！」という気持ちのまま次に行く。そういう意味では、参加者の今の状態を把握するために、参加者の状態を常にシミュレーションしている感覚が、私にはあります。

159　エクササイズを初めてやるときは上手くいかないこともあります。これは当たり前のこと。できるだけ「できた」「できなかった」に意識のフォーカスが行かないようにします。まずはエクササイズのやり方がわかるだけで十分なのだということを参加者に理解してもらえるように。そこに意識がいくようなストップの仕方と、次へ持って行く言葉がけを工夫します。

りょうすけ　「僕は」
くろちゃん　「ボクサーだ」。
モモ　「減量を」
コージ　「続けて」
りょうすけ　「とうとう」
くろちゃん　「ライト級に」
モモ　「トライします」。
コージ　…………やり直し！

絹川　いいですよ、いいですよ。

【まゆこ・げんた・ジュンのチーム】
ジュン　サッカー選手。
まゆこ　サッカー選手。
げんた　「小学校の時」
まゆこ　「サッカーが」
ジュン　「大好きで」
げんた　「した」。
まゆこ　そのまま、
ジュン　「高校まで」
げんた　「やりましたが」

まゆこ　「Ｊリーグには」
ジュン　「入りません」
げんた　「でした」。
まゆこ　「イギリスに」
ジュン　「留学して」
げんた　「サッカーを」
まゆこ　「勉強」
ジュン　「して」
げんた　（笑）だから、ヒデとか、つながんないし……。
絹川　やり直ししていいよ。
まゆこ　やり直しー。
絹川　（拍手しながら終了させ）はい、オッケーいいでしょう。

【バリエーション５】

①ワンワードのバリエーション――ワンワードで、キャラクターを楽しんでみましょう。

たとえば、二～三人がひとりの人物になって「選挙演説をする」「感謝状を読み上げる」「結婚式の祝辞を述べる」「ＴＶショッピン

グの名バイヤーになる」など。また、一人がインタビュアーになって、他のメンバーでひとりの「何でも博士」になり、インタビューの質問に答えていくという形式もあります。またふたりで一人の人を演じるという形式で、シーンをすることもできます。

②シェアード・ストーリーへの流れ——ワンワードの言葉数を長くしていくとシェアード・ストーリーになります。(『インプロゲーム』参照のこと)シェアード・ストーリーは「もう少し自分が創ったストーリーを表現したい」人にうってつけのゲームです。またシェアード・ストーリーもさまざまな方法で楽しめます。たとえば、ひとりが指揮者になって、指揮をされた人がしゃべるというルールを付け加えると、いつ指されるか分からないスリルが付け加わりますので、さらに柔軟性・今ここにいる感覚を養うことができます。またジャンルを加えても楽しくなります。たとえば、ホラー、西部劇、時代劇、ハーレクインロマンス風など。

絹川　はい。やっぱり相手のアイデアを受け入れないと、なかなか進んでいきませんね[160]。「次はこうしよう」とプランすると、それをなかなか手放せなくて、文脈にぜんぜんそぐわないのに「ぐりっ」って、自分のアイデアを入れたくなってしまう。逆に、シンプルに、来たものに付け加える感覚だと、ストレスなく続けられます。さぁ、今、みなさんがやった活動の仕組みについて、少し説明します。これは、イ

160　実際にやってみた後に、ポイントを指摘すると理解度が増します。エクササイズを行なう前から「相手のアイデアを受け入れないと進まない」というポイントを言っても、頭で理解するだけですし、逆に「ねばならない」と捕われてしまうこともあるかもしれません。

ンプロの用語で、**『イエス・アンド』**って言います。**【スライド⑦イエス・アンド！】**「イエス」は、相手のアイデアを受け入れることです。『スピット・ファイヤー』でもやりましたけど、相手のアイデアはほとんどいつも、自分のアイデアとは違います。それを無視したり否定したりしないで、「イエス」と受け入れます。「受け入れる」って言うと、何だか「義務」みたいですが、そうではありません。むしろ「好奇心」で、相手のアイデアを面白がる感じです。そして「アンド」で自分のアイデアを付け加えます。すると物語が前に進んだり、イメージが膨らんでいったりします。ただこの「アンド」は、相手のアイデアに、自分のアイデアを積み重ねるのとは、ちょっとイメージが違うのかなと、最近は感じています。相手のアイデアを受け入れることで、自分が刺激されて、自分の中から自然に次のアイデアが出てくる。つまり相手からの刺激によって「引き出された」アイデアなのではないか。そんなことを感じることもあります。今やった『ワンワード』も、同じ構造で進んでいました。クリエイティブな作業には「イエス・アンド」はとても有効です。

では、この『イエス・アンド』の練習をしましょう。まず一人が、ある「プレゼント」を持ってきます。どんな大きさで、どのくらいの重さで、どんな質のものなのか、しっかり表現してくださいね。「はい、これプレゼント！」（まゆこに何かを渡す動作）と言って、相手に渡し

【スライド⑦】

イエス・アンド！

・イエス＝相手を受け入れる
・アンド＝自分のアイデアを付け加える
↓
積極的で創造的な関係が築ける

・ブロック
・ウィンピング
↓
先に進めない！　関係が作れない！

ます。プレゼントをあげる側は、これが何かは言いません。相手はプレゼントをもらってください。そのプレゼントが何なのかを言います。もらったプレゼントの、手に乗ったときの大きさや重さのイメージから、それが何だか決めてください。

まゆこ　「あー、ありがとう！　う……うさぎ！」

絹川　私はうさぎだと全然思っていませんでしたが、相手のアイデアに「イエス」します。「そうなの！」相手のアイデアを受け入れます[161]「そうなの、ウサギちゃん！」しかも、自分のアイデアを付け加えます。「しかもね、このうさぎ、日本語がしゃべれるんだよ」。（一同笑）自分のアイデアを付け加えました。たぶん相手にとって、私のアイデアは予想外のことだったかもしれませんが、「イエス」で受け入れます。

まゆこ　「そうだよね、日本語がしゃべれるんだよね。しゃべる時に口が大きく開くね」。

絹川　私は全然アイデアはありませんが、「そうなのよ。ほら大きく口が開くでしょう。しかもね、歯に矯正。前歯がちょっと出てるから。矯正してるの、今」。

まゆこ　「あー、これが直ると歯並びのいいうさぎになるんだよね」。

絹川　「そうそう」……っていう風に進んでいきます。今『イエス・アンド』でやりとりをしていました。『イエス・アンド』になると、話しがどんどん進んでいきますね。いいところは、自分のアイデアだけではなくて、他人のアイデアも使いますので、自分が思わない世界に行

161　ここではプロセスを客観的・具体的に説明しました。「相手のアイデアと違う（うさぎだと思っていなかった）」人間が、相手を受け入れるというところがポイントです。「相手のアイデアが自分と違うのは当たり前のことである。」ということを理解することだと思います。

くことができることです。相手のアイデアに乗ると、自分が知らない世界に連れていってくれます。自分のアイデアだと、この（両手を肩幅の広さに広げて）くらいですが、相手のアイデアを受け入れますから倍になるわけですね（両手を大きく広げる）。自分が想像できないことも、相手のアイデアのおかげで、出てくるかもしれません。それではみんなでやってみましょう。一人がプレゼントあげて、もらった人はプレゼントを名付けてください。その後、『イエス・アンド』で、プレゼントを詳しくしていきます。AとB決めます。どうぞ。

【げんた&ジュン】

げんた　「はい」（指でつまんで小さなものをあげる）

ジュン　「ありがとう。おいしそうなケーキ」

げんた　「そうなんですよ。チョコケーキ。すごくおいしい」

ジュン　「チョコレート大好きなんだよ～。プルプルしてて、ゼリーものっかってるね！」

げんた　「ゼリーだけじゃないんですよ、あの……餅とか、餅とか……」

ジュン　「中に餅が入ってる！」

絹川　（拍手をしながら終了させて）はい、オッケーいいでしょう。では役割を代わりましょうか[162]。じゃあBの人、プレゼントをあげてくださ

162
初めてやるエクササイズはあまり長くしないで、やり方を理解したぐらいで交代します。次にやるときは、やり方が分かっているので、最初から集中して取り組めます。「エクササイズを上手くやる」ことを目的としないで、「それを通して学んでもらいたいこと」の言葉がけをします。エクササイズが長すぎたり、コメントがずれていたりすると、別の「意味」が伝わってしまいます。たとえば「上手くなりましたね」と言うコメントは、暗黙に「上手い下手があるのだ」というメッセージだと受け取られかねません。参加者は自然に「間違えてはいけない」という気持ちになってしまうかもしれません。

い。どうぞ。

【くろちゃん&モモ】

くろちゃん　「どうぞ」（お辞儀をしながら恭しく両手で何かを渡す）

モモ　「ああ〜。反物。きれい」（両手で掲げてじっくり眺める）

【りょうすけ&コージ】

りょうすけ　「しっかりした……」（書く動作）

絹川　（拍手をしながら終了させて）はい、オッケーいいでしょう。ペアを変えましょう。

絹川　言葉だけにならないように気をつけてね。相手からプレゼントをもらった時、すぐに言葉で説明しようとしないで、まずは、もらった物を見てください。感じてください[163]。例えば「ウサギ」と言われたら、（手のひらにウサギを持っている動作）時間かかってもいいですから、手に乗っているウサギを感じてください。どんな感触がするでしょうか。どんな手触りで、どんな匂いで、どんな色をしているでしょうか。あせらないで、イメージが実感として湧いてくるまで時間をかけてもいいですよ。相手のアイデアを楽しんでくださいね。「へー、すごいプレゼントくれて、ありがとう」っていう、気持ちでやってみてください[164]。

163　プレゼントゲームをやると「言葉だけ」になりがちです。イメージや感覚が伴わない。もしかしたら、いきなり「架空」のプレゼントにしないで、まずは「実際のもの」を使って、「物の質感」などを味わってから、次第に「架空」の世界に移行したほうがいいかもしれません。できたらゆっくり時間をかけて行ないたいところです。

164　キース・ジョンストンの言葉に《世の中には大きく分けると「イエス」を言う傾向のある人と、「ノー」という言う傾向のある人がいます。「イエス」と言う人には冒険が手に入ります。「ノー」を言う人には「安全」が手に入ります。》があります。「イエス・アンド」をしていくと、自分が想像しなかったストーリーへと展開していき、行ったことのない世界を体験することができます。しかもそれは、自分のアイデアでもあるし、相手のアイデアでもあります。「ノー」「それは違うよ。」「それは後にしよう。」「やっぱりやめよう。」という後ろ向きのアイデアは、「安全」なストーリーです。言葉を変えれば、「変化のない世界」でもあります。「イエス・アンド」を薦めるのは、未知の世界へとチャレンジする気持ちを育てて欲しいからです。

絹川　今度はAさんが、プレゼントじゃなくって、場所をオファーします。例えば「わあ、海岸に着いたね」（と、まゆこに）

まゆこ　「ホントだ」

絹川　（参加者に向かって）今、まゆこは「イエス」をしましたね。[165]

まゆこ　「水がきれいだね」

絹川　「ホントだね。透けて見えるね」

まゆこ　「あ、魚がいるよ」

絹川　「ホントだ。あ、手を振ってる！」（一同笑）

まゆこ　「呼ばれているみたいだから、行ってみようか？」

絹川　「行ってみよう！（二人で泳ぐ動作）わあ、底の方まで見えるね」

まゆこ　「見えるね。呼吸もできる」

絹川　「呼吸もできる。あれ、呼吸できるじゃん。ハッハッ」

まゆこ　「あ！　竜宮城！」

絹川　「竜宮城！　あ、ドアドア。（小さなドアを見つけて）ギー」（取っ手を引く）

まゆこ　「ちっちゃいね」（ふたり、小さくなってドアをくぐる）

絹川　「あ、亀が会議してるよ」

まゆこ　「会議中だ。ひげが生えているのが長老っぽいよね」

絹川　「長老だよ、きっと。真ん中で豪華なイスに座っているもんね」

まゆこ　「見つかった！」

165　デモンストレーションは具体的に解説します。特に大人には、頭で理解してからのほうが、エクササイズに臨みやすいようなので。

絹川　「見つかった！　すみません。こんにちは！　こんにちは！」

まゆこ　「こんにちは！」

絹川　「ちょっと、来いって言ってるみたい。行ってみようか」……みたいな、そんな感じですね。『イエス・アンド』で進めてみました。それでは皆さんも、簡単に短くやってみましょう。Aさんから、オファーしてください。どこでもいいです。場所。『どこどこに着いた』っていうところから始めます。はい。行きましょう。

【ジュン&モモ】

ジュン　「エジプトに着いた」

モモ　「おー。すごい暑い」

ジュン　「そうだね。アイスクリーム食べたいね」

モモ　「食べたいねえ。水もほしいよねえ」

ジュン　「あ、らくだが」

絹川　見つけて、見つけて[166]。

ジュン　「らくだが……アイスクリームもあるよ」

モモ　「らくだが引いてるよ。行ってみよう、行ってみよう。あ、らくだが引いてるアイスクリーム屋さんだよ」

ジュン　「これを食べようか。……千円もするって！」

絹川　終了～！（拍手をしながら終了させて）どうでしたか。『イエス・

166　イメージを喚起させ、行動に繋げてもらうためのサイドコーチです。

アンド』できましたか？　イメージを持つことが大切です。

　それから、私たちは即興で創作しているので、話がどこに進むかわかりません。話は「未知」に向かっていきます。すると初心者に多いのですが、なぜか私たちは、「そうではなかった」「できなかった」「行かなかった」という否定的な言葉を言いたくなります。これは脳が危険信号を出して「先に進んではダメ！」って指令を出すからだそうです。この脳の「危機キャッチ」機能によって、人間はここまで生き残ってきたと言われています。しかし「危険を回避する」とは、逆に「できっこない」というネガティブ志向になることでもあり、新しいことにチャレンジできなくなります。このようにネガティブな思考をしていると脳が老化すると言われています。この解決策として「ポジティブ・シンキング」があります。脳は放っておくと、今言ったようにネガティブな思考になりがちなので、自分で自分の脳を教育する、つまり意識的にポジティブな考え方／選択をするのです。そういうすることで、脳に新しいシノプスが生まれ、何度も行われると、自然にポジティブな思考ができるようになるのだそうです。みなさんがもし即興をやっていて、否定的に進めたくなっている自分に気がついたら、意識的にポジティブなストーリーに変えてみてください。「できなかったね」とか「行けなかった」というストーリーを、ポジティブなものに変えてみましょう。「見つかった」「会えた」「開いている」って。未知にどんどん挑戦するストーリーの選択をしてみてください。

では、今度はBさん、オファーしてください。今と違う場所がいいです。はい。どうぞ。

【げんた&りょうすけ】

りょうすけ 「一面の雪景色。札幌に着いたね」……

【くろちゃん&まゆこ】

まゆこ 「潮干狩りやろう！」（ふたりで地面にある何かをかき集める）……

絹川 （拍手をしながら終了させて）は～い、いいでしょう。やっていて楽しかったところをシェアーしましょう。三十秒です。

まゆこ 死にかけた……。

モモ 写真撮るところ。

ジュン 写真撮るところが楽しかった。

絹川 はは、写真。

モモ なんかほら……困った……言えばいいんだけど……。

まゆこ あんなにいろんなものが……。

【バリエーション6】

イエス・アンドを体験するエクササイズはいろいろあります。ここでは3つをご紹介しましょう。

①**わたしは木**――三人～六人程度で行ないます。ひとりAが中央に立って、木のポーズをして「わたしは木です」といいます。他のひとは、Aに付け加える（イエス・アンドする）アイデアを言って、そのポーズをします。たとえば、「わたしはその木に止っているキツツキです。」このようにして、いろいろなアイデアを付け加えて、一つの「絵」を作っていきます。「木」というひとつのアイデアに、さまざまアイデアが付け加わって大きな風景・イメージを作ることができます。全員、もしくは、すべてのアイデアが出揃ったら、最初に始めた人（この場合はA）が、今まで出たアイデアの中で、一つを残します。たとえば「わたしはキツツキを残します。」するとキツツキをした人だけはそのまま残り、それ以外は舞台袖にはけます。そして「わたしはキツツキです。」といい、今度はこのアイデアから、別の風景・イメージを作ります。たとえば「わたしはペットショップの店員です。」など。

②**ワンボイス**――二人以上がひとりの人間として、同時にしゃべるというゲーム。お互いによく見合って、声を出すことが大事です。物理的には、どちらかが先頭を切ることになりますが、他のメンバーは素早く同意し、声を出します。特定の人がいつもリーダーをするのではなく、みんながリーダーであり、フォロアーであること

167 さりげなく「最後に」という言葉を入れます。これだけで、取り組む姿勢が変わるように感じます。

が大事です。まるでひとりの人がしゃべっているように、スムーズに話すことができるようになります。

③何やっているの？――ひとりがある特定の動作を行います。たとえば「掃除」など。見ているメンバーのひとりは、「何やっているの？」と聞きます。聞かれたら、動作をしている人は、自分がやっていることと全く違う行動をいいます。たとえば「新しいパソコンを物色しているの」など。すると「何やっているの？」と聞いた人が指示された行動をします。「何やっているの？」と聞かれたときは、自分の行動に集中していますので、「えっ!?」とびっくりして頭が真っ白になりがち。あわてずに、リラックスして対応しましょう。

●『21』――そして振り返り

絹川 それでは、最後に皆で輪になりましょう[167]。小さい輪になりましょう[168]。『21』というエクササイズをやります。『21』。これから皆で協力して、1から21まで数えます。ただし、相談はしません。誰かが1、誰かが2、誰かが3、と続け、21までいきます。相談できないので、もしかしたら何人かが同時に「5」とか言っちゃうかもしれません。そしたら1からやり直します。全員が少なくとも一回は数字を言ってください。それから、「次はあんたよ、次はあんたよ」と、アイ

168 みんなで輪を作るとき、ファシリテーターは輪の大きさに敏感になるべきだと思います。輪の大きさや形は、グループの状態を表しているし、逆に輪の大きさや形は、グループのムードに影響します。バラバラだったり、くっついていたり、お互いの距離が違っていたり。これはグループの人間関係を表しているのかもしれません。輪の大きさによって、体験の質が変わります。ここでは「親密な空気を感じて欲しい」ので、小さくするようにお願いしました。

169 ワーク中に「これはしないでください」と言う場合、できるだけ理由を言うようにしています。特に「みなさんのように優れている人には〝簡単すぎるから〟」つまり婉曲的に「みなさんが優れているから、このルールを付け加える」というメッセージも含みます。なぜそこまでするかというと、日本のみなさんに「しないでください」というと、素直に聞いてくださるのですが、逆に「言われたことを守る」つまり「自分たちは下の立場である」という受け身のスタンスにいつの間にかなってしまうのです。受け身になると、その後の取り組みも受け身になっていきます。自分たちが優れているから、もっと難しい課題を与えられているのだなと理解していただければ、チャレンジングに取り組んでくださるのではと思っています。実際、ルールというものは、そういう理由で存在することも多いですし。

コンタクトで指図しないでください。それだと簡単すぎます[169]。周りを感じてください。もう少し近くになりましょうか。(輪が小さくなる)それではいきましょうか、どうぞ。

くろちゃん 「1」。

コージ 「2」。

ジュン・りょうすけ (同時に)「3」。(一同笑)

絹川 そういうことですね[170]。もう一回いきましょう。

ジュン じゃあ「1」。

モモ 「2」。

くろちゃん ……「3」。

りょうすけ 「4」。

まゆこ 「5」。

ジュン ……「6」。

コージ 「7」。

絹川 ちょっと待ってください! みなさん「間違えたら死んじゃう」みたいな感じですよ~[171]。(一同笑)これはゲームなんですよ~。(笑)私たちは、特に日本人はまじめなので、失敗しないようにしよう、失敗しないようにしよう、と思ってしまいます。でも、重なっちゃっても、死ぬわけじゃない。また初めからやり直せばいいんです。気楽にいき

170 ここでは「同時になってしまったこと=失敗」という図式にしたくなかったので、「そういうことですね」と言いました。つまり「エクササイズのルールは、そういうことですね。分かりましたよね。」という確認のリアクションにして、「できなかった」ことにフォーカスが当たらないようにしたのです。

171 ものすごい緊張感を察して、解きほぐすためのコメント。真面目すぎです(苦笑)。「間違えたくない」という気持ちの表れです。こういった「思い込み」は、なかなか自分では気がつけないので、時々ダイレクトに指摘します。参加者に楽になって欲しいし、理性的に状況を理解して欲しいからです。

ましょう！　失敗を楽しんで～！　では今度は、重なっちゃったら「やり直し！」（バンザイ！）ってやりましょう！　「やり直し！」です。それでは1から、どうぞ。

コージ　「1」。

まゆこ・くろちゃん　（重なった）「2」。

全員　（バンザイして）やり直し！

何回かの「やり直し！」を経て15まで来た。

くろちゃん　「16」、

ジュン　「17」、

りょうすけ　「18」、

くろちゃん　「19」、

コージ　「20」、

モモ　（伸び上がって）「21」！

全員　（拍手して）やったぁ！

絹川　オッケー、座りましょう。今のゲームは、とても単純なんですけど、いろんなことを学ぶことができます[172]。先ほど指摘したように、私たち人間は、失敗を怖がる習性があります。でももしかしたら怖が

172　エクササイズは、ルールのあるアクティヴィティ（行動）であり、それ以上ではありません。一つのゲームから実にさまざまことを学ぶことができます。ですからファシリテーターは、参加者に言う必要はないこともあると思いますが、自分の中では狙いや目的を明確にして、ふさわしいエクササイズを選ぶ必要があります。

りすぎかもしれません。死ぬことはないから、失敗を恐れないで行こうよっていうところがメッセージです。それから集中と忍耐。じつは、今日はとても早くできましたが、時には何十分もやる時があります。不思議に、若い子たちは意外と時間がかかります。何十分もこれをやってると、忍耐の力がつきます。人と一緒にやることのシンドさと達成したときの喜びの両方を体験できます[173]

絹川　さて、このワークショップは終わりに近づいています。三人組で今日やってどうだったかをざっくばらんに話してシェアーしてみましょう[174]。今日やってみて、感じたことを話しましょう。一分半です。どうぞ。

「面白かったです」

「失敗を恐れちゃいけないなっていうことを感じました」……

絹川　ということで、今日はインプロの大事なところ、しっかりオファーをしよう、しっかり受けよう、変化に対応しようということをやりました。インプロにはいろいろなゲームがあって、今回のように自己成長のために用いることができます。そして最終的にはパフォーマンスをやったりします。お客さんの目の前でタイトルをもらって即興をやるっていう演劇です。今日紹介できたのは（両手を広げて）その

173　相手を待つとか、自分が我慢するということが得意ではない人には、このエクササイズはとても苦痛のようです。10代・20代の人たちはあまり得意ではありませんが、いい勉強だと思います。このエクササイズをやると、グループの人間関係や個人の人間性が、如実に浮き彫りになりますので、びっくりすることがあります。

174　ホントウは全員での振り返りをしたいのですが、日本ではなかなか意見が出てきません。人前だと遠慮もあって話しづらいようなので、まずは小さなグループで、ひとりずつ自分の感想を言ってもらい、その後全員でシェアーするようにしています。一人ひとりが遠慮しないで言いたいことが言える環境づくりは、ワークショップで必要なことだと思います。

これくらいある中の（指で小さな幅をつくって）このくらいかな。本当に第一歩をやりました。どうだったでしょうか？　今、簡単に皆さんで感想を話し合ったと思うんですが、何かみんなの前でひとことずつ、感想をお願いします。じゃ、どうぞ。（りょうすけに）

りょうすけ　（右手で胸をぐるぐる触って）……って言って止まっちゃう。（一同笑）どっひゃ～やり直しって。「わ～」ってそういう気持ちで、失敗したらそこからまたやる……なかなかやれないけど、そういう感じがします。

ジュン　けっこう自分では頭が固い方だと思っていて、

絹川　へえ。[175]

ジュン　でも、次から次へと発想しなくてはならなくて、自分にとってすごく良いチャレンジになりました。

モモ　いま話していたお二人は、人の出方を見る方だとおっしゃっていたんですが、私はわりと勝手に動いちゃう方です。やっぱりそういうところがあるなあ～と改めて感じると共に、ゆだねる時は意外にも結構ゆだねられる自分がいました。新しい発見でした。

まゆこ　無意識のうちに、失敗しないようにってどっかで思っているなあってことを、今日もまた感じました。やり直ししても大丈夫っていう感覚をしみ込ませたいです。

くろちゃん　三十歳くらい若返った気が……。

一同　そんなに！（笑）

175　参加者の感想は「丸ごと」聞くようにしています。「それ知ってた」という態度にはならないように、むしろ先入観を持たずに、いつでも新鮮な態度で聞くように、気をつけています。

まゆこ　赤ちゃんになっちゃう。

くろちゃん　気持ちが若返った感じです。リードされているときに、小さい子どもの気持ちになれたし、いろんなお話をつなげていくときには、まだまだ私の想像力も捨てたもんじゃないなって思えて、とてもよかったです。

コージ　考えちゃうとやっぱり何も出てこないなっていうのがあります。逆に、ぽっと出た言葉が、予想してなかったもので、すごくびっくりして、それが面白かったり。そんなことが、頭の中のどっかにあったんだって、そういう気づきとか発見がいっぱいありました。

げんた　まず、純粋に楽しかったです。何通りも考え方があって、ひとことで言えないんですけど、いろいろあって面白いなと思いました。どうもありがとうございました。

絹川　ありがとうございました。（拍手）ほんとうにワークショップっていうのは、答えが決まっているわけではなくて、参加して体験する中で、それぞれが体験して感じて、発見していくっていうところが一番大事なんじゃないかしらと思います。そういう意味で皆さんが、それぞれに何か感じていただけたようで良かったです。それでは今日はこれで終わりにしたいと思います。どうもありがとうございました。

（拍手）

ファシリテーターのための25のコラム

II

ワークショップの三つの良さ

column 1

「ワークショップ?」 なにそれ?

「ワーク」と「ショップ」? なにかのお店???

昔はよく、このように質問されたものです。「え〜だから、そうじゃなくて、先生と生徒という関係で勉強するんじゃなくて、みんなが平等で、みんなで学びあう場だよぉ〜。」いろいろ説明しますが、なかなか分かってもらえません。わたしもはっきりとした説明ができていなかったと思います。

しかし最近では「ワークショップ」という言葉を聞くことが多くなりました。コミュニティづくり、自己啓発、さまざまなセミナー・研修などを「ワークショップ形式」で行うところが増えてきました。これは今までの学習方法ではなく、参加型の学習が必要なのではないかと、たくさんの人が考えるようになったからだと思っています。

しかし半面、否定的な声を聞くことも少なくありません。「ワークショップって、ただ楽しいだけのリクリエーションじゃないの?」「ワークショップって、やっているときは楽しいけれど、日常に帰ったらまったく役にたたなかった」「ワークショップで得た気持ちは、日常に帰ったら消えてしまった。やっぱり意味がないのでは?」

たしかにワークショップの数は増えたけれど、クオリティが高まっているのかというと何とも実体がつかめていません。ワークショップについて総合的にまとめた本『ワークショップ』(岩波新書)の著者中野民夫さんは、社会の問題点三つを上げ、それに対してワークショップができることを掲げています。

まず問題は、現代社会の構造による人間の孤立。お互いが競争しなくては生きていけない社会のために、「他者」と繋がるよりも、自分を守り、相手と対立しなくてはならない状況に追い込まれてしまっているということ。ワークショップでは、全員は平等であり、お互いのつながりを大事しているので、そこから「自分は誰かと繋がった存在である。」ということを感じることができるのです。

二つ目に「あること（Being）」よりも「何かをやること(Doing)」に価値観が置かれている問題。無意味なこと、利益を生み出さないものは無価値として排除されてしまう社会では、自分の気持ちに気付いたり、相手とコミュニケーションを楽しんだりする時間が無くなり、常に強迫観念を持って生活しなくてはなりません。ワークショップでは「あること（Being）」を大事にします。まず、今あることを大事にする。あるがままでいることを歓迎します。

三つ目に、現代社会では、ありのままの自分をありのままに感じ、正直に表せる場がないこと。人間は、常に何らかの役割を与えられて、その枠の中で生きています。親として、上司・部下として、子どもとして、年上・年下として、近所の人として、名前の無い他人・同じ電車に乗っている乗客として。本当はさまざまな面を持っているのに、人と違うことをやるとバッシングされてしまいます。このように、自分の感じたことを素直に表現できない社会では、わたしたちは自分の本当の気持ちがどこにあって、ありのままの自分がどんな姿をしていたのか分からなくなってしまいます。ワークショップは、日常の仮面を脱いでありのままの自分を表現したり、普段感じていることを素直に相手に打ち明けたり、それを分かち合ったりする場です。安心して自分を取り戻すことによって、心身のバランスがとれ、日常でもおだやかに物ごとを受け止めることができるようになります。

このようにワークショップは、「その場かぎりの楽しい場所」ではなく、他者と繋がり、ありのままの自分を表現できる場所なのです。わたしたちワークショップをリードする側は、これに誇りを持つと同時に、社会に役立つワークショップを提供できるように日々精進することが必要だと思います。

さらに「ワークショップって、なんかあやしい！」という意見もあります。たしかに残念なことに、怪しいカルト的な自己啓発・宗教セミナーなどがあるようです。しかし、これらはワークショップとは違います。ワークショップは、それぞれの感じ方・考え方が違っていても構わない。多様性が尊重されます。しかしカルト的な集団は、多様性を否定します。参加者の頭をからっぽにさせて、偏った感じ方・考え方を詰め込もうとします。参加者の弱みにつけこんで、集団に依存させようとしむけます。

しかしながら、実際はこのように明確な棲み分けがあるわけではなく、ワークショップも一歩間違うと、カルト活動と違わないことになってしまう可能性があります。そういうカルト的なワークショップに偶然参加してしまったこともあります。

　ファシリテーターは意識的にカルトにならないように気をつけなくてはなりません。そのためにはカルトとはどういう状態のことを言うのかを知っておくことも大事だと思います。

column 2

俳優もアーティストだ！

「即興」は、二十世紀の偉大な演出家、スタニスラフスキー、コピュー、ブレヒト、ストラスバーグ、アドラー、メリルホリド、ピーター・ブルック、グロトフスキーなどが行った俳優トレーニングには欠かせないものでした。これらの演出家たちは「演劇は俳優のものである」という考えのもと、俳優がクリエイティブであるためのトレーニング方法を追求していきました。そして「即興」は、俳優が自らの直感に従ってアイデアを出し、自らの身体を使うという点――俳優の自発性・創造性――において、それを引き出すベストな手法だったのです。

　そもそも演劇は俳優のものであるという考え方は、「戯曲至上主義」への反発でした。「戯曲至上主義」とは、戯曲が一番大事で、次が演出家で、俳優は二の次。俳優は戯曲を解釈する通訳＋演出家に言われるがままに動くロボットであればいいという考え方です。これに異論を唱えた二十世紀の芸術家たちは、「俳優もアーティストであるべきだ」という考えのもと、研究や実践を始めたというわけです。このような流れの中で、俳優のトレーニングとしてのインプロヴィゼーションは発達しました。

　そして今、海外では確立したエンターテイメントとしても認知されてきています。これは演劇史の中でも、とても新しく、また大事なことであります。なぜかというと現代においてインプロを行なうということは、「俳優も芸術家である」ということの意思表示でもあるからです。そしてインプロという主体性を重んじた表現形態がワークショップなどで一般の人たちにもやられるようになっているということを考慮にいれると、つまり「表現するものはすべて芸術家である」とも言えます。これは「誰でも表現者である。誰でも芸術家である。」ということに他なりません。「誰にでも表現の場が認められる社会」。インプロは、それに貢献できるツールのひとつといえましょう。

column 3 ファシリテーターの11の心得

ワークショップをファシリテートすることと、ワークショップを受けるのとは全く違う立場です。参加者でいると簡単そうなファシリテートもやってみると実に難しいことに気がつきます。今までわたしが経験してきて、ファシリテーターとして大事だと思うことを上げてみました。

1 ワークショップは参加者が主役。ファシリテーターはあくまでもサポート進行役。すべての人の参加を歓迎し、ひとりひとりの存在を尊重すること。
2 参加者同士の暖かい人間関係づくりを大事にすること
3 参加者一人ひとりに対して、グループに対して、ワークショップの流れについて、ゲームの選択について。これらのすべてに先入観を捨て、目の前に起こることに対応すること。
4 参加者を「コントロール」しようとしないこと
5 アイデア・価値観・起こった物ごとすべてに柔軟であること。
6 一人ひとりが持っている輝きを信じ、その開花を喜ぶこと。
7 がんばり過ぎないこと。エネルギーはほどほどに使うこと。
8 客観的であること
9 失敗を恐れないこと。みずから失敗することも厭わないこと。

10　感情豊かに、自分もワークショップを楽しむこと。
11　自分に対して、参加者に対して、正直に誠実にあること。

ファシリテーターは常に「なにが根本的に大事なことであるか」を心に持っている必要があります。でないと参加者の心を傷つけることにもなりかねません。

さて、ファシリテーターの中には「どんなゲームをやるか」「どれだけたくさんのゲームを知っているか」ということばかりに気を取られてしまい、「どうやって参加者を自分の思い通りにするか」「ワークショップをいかに自分の計画通りの流れにするか」ばかり心配してしまう人もいます。しかしこれでは本来の「ワークショップ」という場の良さは発揮されないどころか、参加者に価値観を押し付け、下手をすると「洗脳」することにもなりかねません。

このようにワークショップをリードすることは簡単ではないのです。常に心を配り、勉強を忘れないことが大事です。

目はごまかせない
アイコンタクトの意味

column 4

アイコンタクトとは視線と視線を合わせること。「人の目を見て話しをしなさい」と言われるように、コミュニケーションにおいてアイコンタクトは必要だとされています。インプロの世界でも、アイコンタクトが必要だと言われています。

しかし私は最近、ちょっと違う意見を持っています。ある日トンガ人の友人が「トンガでは、アイコンタクトをするのは失礼にあたる。目を見ないことが相手へのリスペクト。でも西洋人と話すときはアイコンタクトをしないと『失礼な奴』って思われるので、西洋人と話すときだけはアイコンタクトをするようにって、子どもの頃にママに言われたの」と言っていました。このようにアイコンタクトの位置づけは文化によって違います。日本人だってアイコンタクトが苦手な人は多いです。日本人だけではなく、アジアの人たちはわりとそう。わたしは、アイコンタクトをする／しないは文化が影響しているので、そんなに強要しなくてもいいんじゃないかなと思いますし、アイコンタクトができない／しない人たちを「失礼な奴」とか「マナーができていない」とか思うのも極端すぎるんじゃないかなと思っています。

しかし同時に別の意味で、アイコンタクトの必要性も感じています。単純にアイコンタクトをしたほうが、相手の気持ちを感じ取れるような気がするのです。そして自分の気持ちも伝えやすいような気がするのです。ちなみに眼球は身体と外界をつないでいます。目を開けたり閉じたりするのは「瞼」の働きであり、眼球はただそこにくっついている丸いもの。表情は顔の筋肉で、言葉はニュアンスで取り繕うことができますが、眼球の形を変えることはできませんので、腹からわき上がる感情は、眼球を通して見ることができるのです。私はアイコンタクトをすることで相手との「繋がり」を感じます。「一緒に楽しもう」という気持ちを伝えることができるように思います。いいアイコンタクトは暖かくて、相手を元気にさせます。うまくいかないアイコンタクトはちょっと冷たくて、相手を萎えさせます。

column 5

どう始める？

ワークをどう始めるか？　ワークショップを始めたばかりの頃は、事前にいろいろなパターンを考えて、脳内ロールプレイングで想像してみたりしていました。最近は、ある程度できそうなエクササイズは考えますが、あとは現場で参加者の様子を見ながら、ワークショップを進めながらエクササイズの内容を決めるようにしています。

理屈っぽい説明をしないでいきなり始めて、参加者の気づきを待つほうが効果的なこともあるし、しっかり説明をしてから始めたほうがいい時もあると思います。おそらく講師の個性が出るところ。知り合いのダンサーのワークショップでは、まず彼が踊ることからスタートしますし、キース・ジョンストンはソファーに座ったままゆっくり始まります。シカゴのインプロバイザーだったら、元気まんまん飛び跳ねながら始まるでしょう。企業研修の場だと、全員が静かに座っているところから始まります。

ただ私が関わる現場は、一回限りの単発も多く、ワークショップに長い期間をかけられないこともあります。その場合、概要を説明してからスタートしないと「何のためにやっているのか分からない」まま終わってしまうこともあります。これではせっかくワークショップをやっても効果的ではないと思い、最近では必要最低限の情報は、最初に説明することにしています。


私の感触では、小学校五年生以上には「なぜこれをやるのか」をしっかり説明してから行った方が、モチベーションが高まるように感じます。もちろん、じっくり時間をかけられれば、あまり説明しないで始めて、本人たちから「気づきが起こる」ような流れも「あり」だと思います。そういうダイナミックな体験は素晴らしいことです。いずれにせよ「学び」を促すためには、おそらく「何をどの程度説明するか／しないか」は大事なポイントだと思います。

フロー体験を引き起こすには？

column 6

フロー理論とは、心理学者のミハイ・チクセントミハイによって提唱された概念で、人間があることに完全に没頭して、活発に活動して、自分の最大の力を発揮できている状態をフロー状態といいます。チクセントミハイは、一流のスポーツ選手やアーティストに「覚醒した状態」についてインタビューをして、この理論を考えました。（ミハイ・チクセントミハイ『フロー体験入門』大森弘訳、世界思想社、一九九七年）

ワークショップを一〇〇%楽しんでいる参加者を見ると、アクティヴィティに没頭して、どんどんアイデアが湧き出ていて、まさにフロー状態と言えるのではと思います。ファシリテーターはこの考え方を応用してワークショップにおいて参加者がフロー状態になれるような手助けができるのではないかと思います。

さてフロー状態になるためには、二つのことを考える必要があります。挑戦レベルとスキルレベルです。挑戦レベ

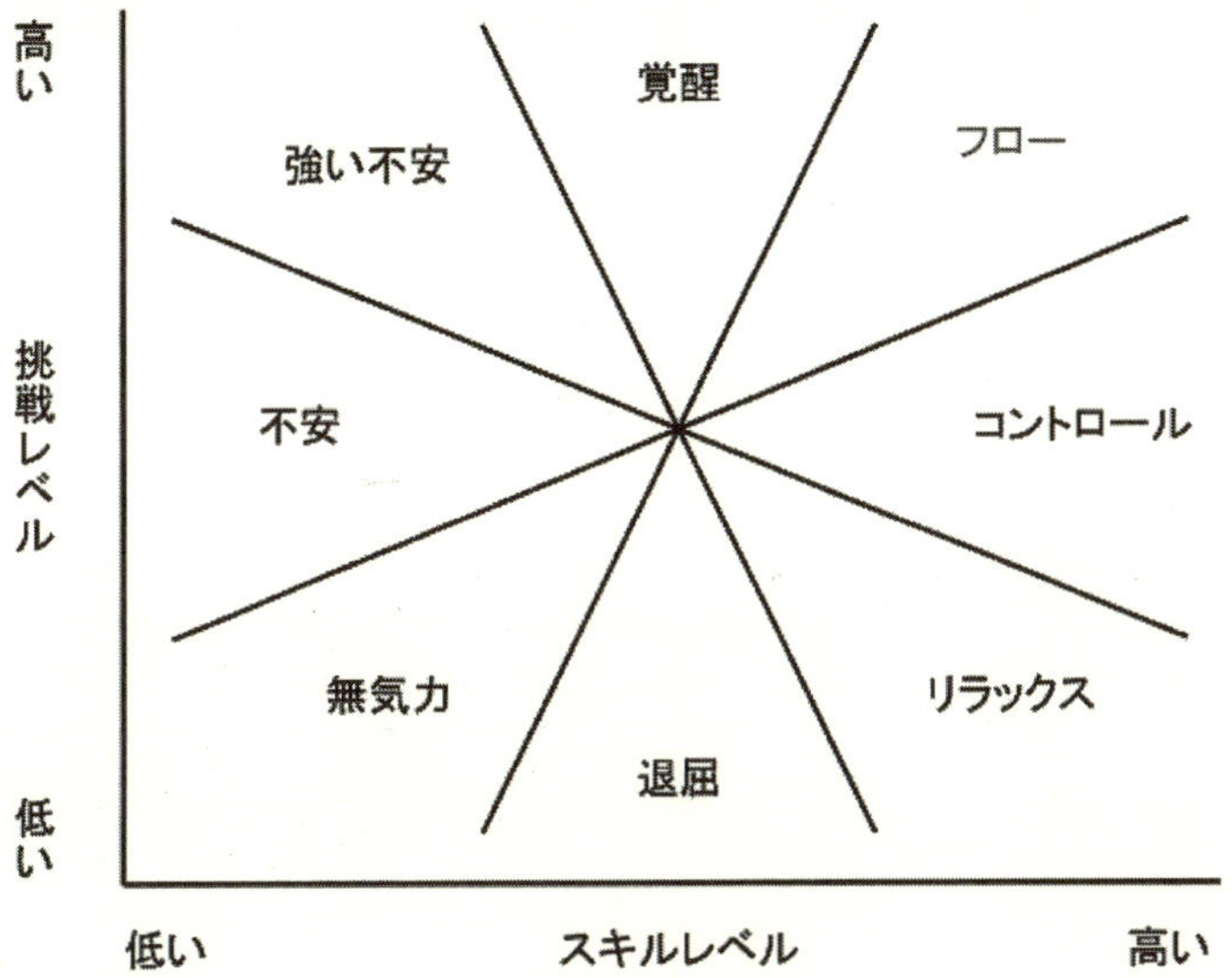

フロー状態
チクセントミハイ『フロー体験入門』より

ルとは、参加者にとってのチャレンジ度が高いか低いかということ。チャレンジ度が高すぎると、参加者は不安を感じます。逆に低すぎると無気力や退屈になります。スキルレベルは、参加者が持っているスキルのレベルについてです。もしあまりスキルがない場合、挑戦レベルが低いと不安になります。スキルが高い場合、リラックスできます。しかしさらにスキルがある場合は、他者をコントロールしようとします。この二つのレベルがバランスよく、ほどほどに高いと「フロー状態」になることができます。

このような考え方を応用して、ワークショップでのリードを考えてみましょう。ワークショップの始まりでは、できるだけ参加者にリラックスしてもらいたいので、挑戦レベルの低い、高いスキルで行うことのできるものを選ぶとリラックスしてもらえるかもしれません。逆にスキルが無い参加者に、挑戦レベルが高いエクササイズを行うと、強い不安を感じてしまうでしょう。徐々にコンディションを上げて、フローを目指します。つまり参加者がもっているスキルの、ちょっと高めで、ちょっとチャレンジングな課題を出すのです。挑戦レベルが低いと参加者は退屈します。高すぎると不安になります。参加者の調子をよく見て、相応しいエクササイズを提供することが大事だと思います。

A:右	F:左	K:右	P:右	U:右
B:左	G:左	L:左	Q:右	V:左
C:左	H:右	M:右	R:右	W:左
D:右	I:右	N:右	S:左	X:右
E:右	J:左	O:左	T:左	Y:右

相手にフローをもたらす練習用の表

相手にフローをもたらす練習。

二人組になります。AさんとBさんを決めます。二人で表を見ながら行います。Aさんは、書かれたアルファベットを言います。Bさんは言われたアルファベットに書かれた方の手を挙げます。たとえばAさんが「F」と言ったら、Bさんは「左手」を上げます。Aさんが「K、L、M、N、O」と言ったら、Bさんは「右、左、右、右、左」と手を挙げます。ポイントはAさんはBさんの状況を見て、簡単になりすぎないように、難しくなりすぎないように、フロー状態に近い感覚になるように指示を工夫することです。斜めに指示したり（A、G、M、S、Y）、一つ飛ばしにしたり（A、C、E、Gなど）、工夫ができます。ただあくまでも、AさんはBさんの状態を見ながら、指示の難易度を自覚的に変化させることが大事です。

column 7

サイドコーチ

アドバイスはオンタイムで

サイドコーチとは、エクササイズが行われている間に、

参加者の活動を止めないで行うファシリテーターの声かけ

のことです。エクササイズの説明や、エクササイズとエクササイズの間に行われるコメントは、サイドコーチとは言いません。

サイドコーチができることは、ファシリテーターの必須スキルです。サイドコーチのやり方、タイミング、頻度などは決まっているわけではありません。おそらくワークショップの主旨、参加者の様子などによって変化するものだと思います。

大事なことは、サイドコーチはあくまで参加者のアクションや気づきを促すことであること。そのときにやっているアクティビティが止まらないように。アクティビティがさらに活発になり、参加者に学びが起こるようになるために行うこと。サイドコーチの内容は、できるだけシンプルで、具体的で、参加者がすぐにできることにするといいでしょう。

また、サイドコーチの入れ方ですが、「言い方」によって、ずいぶんと参加者の受け取れる内容が変わってくると思います。もしわたしがシリアスに指摘したら、参加者は情報よりも、わたしの「シリアスさ」を受け取ってしまい、「もっと真面目にやらなくては」と思ってしまうかもしれません。「君はできていないよ」という気持ちで言ったら、「自分はできていない」と伝わってしまうかもしれません。つまり人間は表面的な「言葉の意味」を受け取るのではなく、ファシリテーターの「言葉の裏に潜んでいる感情」を読み取ろうとするのです。言葉の表面には現れないコンテキスト=講師の言い方が、参加者の心を傷つけてしまうこともあると思います。

ですから、ファシリテーターは「指摘の仕方」に意識をするといいと思います。また逆に、参加者の成長を心から望んでいれば、それはきっと伝わると思います。

良い声かけは、参加者のモチベーションを高め、グループ全体を一つにします。

column 8

「ルール」があるからクリエイティブになれる

インプロはなんでもあり。何でもアイデア出して〜。ほら、やってごらん。自由に〜！　そう言われると、逆にどこから発想したらいいか迷ってしまいます。選択肢は膨大にあるはずなのに、自由に発想できなくなるのはなぜでしょうか。

認知科学者のフィンケは「創造的発明のメカニズムをさぐる」実験を行いました。十五の部品の中から三つをランダムに選び、八つのカテゴリーから一つを選んで、カテゴリーと物体を組み合わせて、新しいものを作ってもらうという実験です。その中で、部品・カテゴリー・機能について、制限を与えた人と、与えなかった人とを比べると、制限を与えられた人たちの方が、創造的な作品を作った割合が高くなりました。つまり「制約」があったほうが、創造性は発揮されることが分かったのです。

さてインプロでシーンを作るときにも、この「制約」の考え方が活躍しています。まずエクササイズのルールは、「制約」だと言えます。「制約」があるからこそ、普段ではできないような表現が現れます。シーンを作るときも、何もタイトルがないよりも、何かあったほうが取り組みやすいのです。もちろん熟達したプレーヤーは、人が「何もない」と思うところからも「何か」を見つけ、そこから始めることができますが。

さらに考えると、エクササイズに「ルール」がある理由は、「規則として守る」ためではなく、「それを使って創造していく」ためであることが分かります。つまりインプロで用いる「制約」と、人間の表現をさまたげる社会的な「ルール」とは、まったく異なるものなのです。

また相手のアイデアを否定しないで受け入れるということも、ある意味「制約」です。自分の想像を越えたアイデアを受け入れるという制約のおかげで、私たちは普段では思いつかないようなアイデアを思いつくことができます。

このようにインプロでの「制約」や「ルール」は創造する

ためのプロセスに有効であることを理解すると、エクササイズへの取り組みもインプロでの創造もさらに有意義になるのではないでしょうか。

column 9

フィードバックの意味

内省・分かち合い・相互学習

フィードバックは三つの理由で大事だと考えています。一つは自分を振り返る（内省）のため、二つ目に相手との分かち合いのため、三つ目にワークショップの構造としての相互学習のためです。自分の気持ちは「人に話す」か「文章にして書いてみる」かしないと、客観的に捉えられないとされています。エクササイズなどで体験した感覚は、抽象的で漠然としていて、なかなか言葉にしづらいもの。そのままにしておいたら、いつの間にかなくなってしまいます。自分がやったことに対して感じた気持ちを、言葉にして誰かに話してみることは、自分の漠然とした気持ちを整理するきっかけになります。

相手と分かち合うことで、相手の体験を追体験し、自分の気持ちを伝えることで、相互理解が深まります。この時に大事なのは、批判的な視点で相手の意見をとらえるのではなく、共感的に受け止めることです。お互いに話しやすい雰囲気が必要です。三つ目に、ワークショップの構造としての必要性です。参加者同士が話し、そこで問題を見つけ、次の課題に向かうという仕組みが、〈ファシリテーター↔参加者〉という関係だけではなく、〈参加者↔参加者〉の関係を深めることになります。この関係を密にしていくことで、ファシリテーターから指示されたり、教えてもらったりするだけではなく、参加者同士が学び合うことができるようになってきます。

意識の3レベル

column 10

インプロ（即興演劇）では台本が決まっているわけではありませんので、現状を認識することが大事です。「今ここ」で起こっていることに対して、常にアンテナを張るイメージです。相手の台詞もしっかり聞きます。しかしこれは簡単なことではありません。自分の意識は、ちょっとした変化で、あっちこっちに移動します。「私はどうしよう」「あ、いいアイデアが浮かんだ」「相手が何か言いたそうだな」「あ、別のプレーヤーが登場しそうだ」などなど。特に頭の中で何かを考えていると、目の前のことを見逃しがちです。ではどうしたら「今ここ」を認識することができるようになるのでしょうか。

この問題を整理するために、コーチングにおける傾聴のスキルの考え方を応用したいと思います。コーチングとは、「個人のクライアントが人生やキャリアにおいて変化を起こし、自らが望む目標を達成することを支援する」＊職業です。傾聴とは相手の話を聞くことです。コーチングにもいろいろな考え方があるようですが、ここではコーアクティブ・コーチングで用いられている考え方を紹介します。コーチングの傾聴において、「意識の焦点」には三つのレベルがあります。

レベル1……内的傾聴

自分自身に意識の焦点が当たっています。インプロの文脈で言うと、「自分はできるだろうか」「どんなアイデアを出そうか」と考えている時です。

レベル2……集中的傾聴

相手にしっかりと意識の焦点を当てる聴き方で

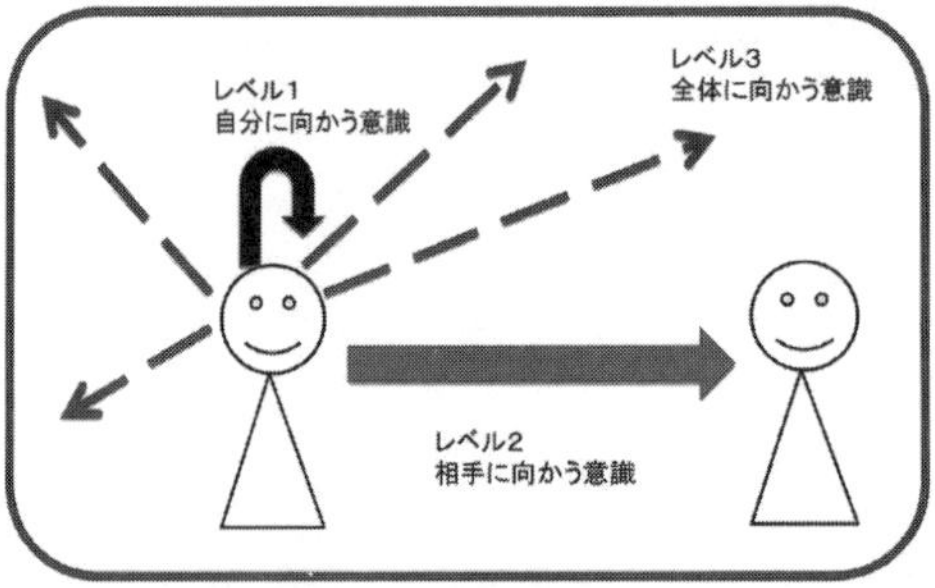

意識の三つのレベル

参考　R・ウィットワース、H・キムジーハウス、F・サンダース『コーチング・バイブル』

す。
　インプロの文脈で言うと、「相手はどうしているだろう」「相手は何をどんな風に話しているか」ということに意識を向けている状態です。

レベル3……全方位的傾聴

　クライアントと自分を中心に、あらゆるところから情報を受け取るように耳を傾けることで、インプロの文脈で言うと、「観客の状態」や「舞台の空間」を感じている状態です。

　もちろんレベル1でいることも日常では大事なことですが、インプロを行う場合は、レベル2か3でいることが必要です。なぜならレベル1にいると「今ここ」の状況を把握できないからです。まずは自分の意識がどこにあるかを自覚できるようになって、もしレベル1になっている自分に気がついたら、意識を外側に向けてみてはいかがでしょう。

＊ローラ・ウィットワース、ヘンリー・キムジーハウス、フィル・サンダース『コーチング・バイブル』ＣＴＩジャパン訳、東洋経済新報社、二〇〇二年

column 11　ファシリテーターのテンションってどのくらい？

　昔、起業家対象のワークショップに一参加者として参加して、ちょっと気が引けてしまった体験があります。それは始まる前からファシリテーターのテンションが異様に高かったこと。本人としては「参加者に楽しんでもらいたい」と思って、最初からハイテンションだったのだと思います。しかし参加者は知らない同士ですし、大人ですし、何が始まるか分からない状態でしたので、ファシリテーターの明るさだけが浮き上がっていました。
　ワークショップが始まって開口一番「みなさん、元気ですか〜!?」と大きな声。「しらっ」とした空気が流れました。そしたらファシリテーターは「あれぇ〜、何かみなさん元気がないですね〜。大きな声で挨拶しましょう〜！」。

さてここに二つ、参加者のやる気を萎えさせる要因があります。まず参加者のテンションの低さを「悪いこと」として、さりげなく本人たちに告げたこと。これは「自分は正しい」という立場からの発言であり、全員は平等に扱われるべきというスタンスからずれています。二つ目に、しらけている参加者に強制的に挨拶を指示したこと。これではファシリテーターがなにかを「やらせる」、参加者が「それに従う」という関係性になってしまいます。

私もどちらかというと、テンション高くファシリテートするタイプですが、始まりはできるだけ「参加者」に合わせるようにしています。緊張していれば自分も緊張し、楽しそうであれば楽しそうに、恥ずかしそうだったら恥ずかしそうに。そして必要ならば、徐々に上げていきます。あくまで参加者の様子を見ながら、一緒に旅を楽しむ感じ。簡単ではありませんが、できれば参加者が自発的に関われるようにガイドしたいものです。

column 12 「楽しもう」を押し付けないで！

ファシリテーターを志す人たちは、ワークショップを「面白い」と思っているし、「参加者に楽しんでもらいたい」という気持ちをもっていて、それは素晴らしいと思います。ただ気をつけなくてはならないことは、自分の考えを、参加者に押しつけないことです。

実は私は若い時、この傾向がありました。特に私がインプロのワークショップを始めた頃は、インプロを知っている人自体が少なかったので、余計に「これはいいですよ〜！」と声高に言う必要があると思っていました。「これはいいね」という感想を相手からもらうために、必死になっていました。

しかし人は、何かを押しつけられれば押しつけられるほど、うざったく感じるものです。大事なのは、参加者が自らの体験の中で、本当に「いい」と思うことであり、ファシリテーターは体験するための「場」をつくることぐらいしかできないのです。そして、どう感じるかは参加者次第です。

どんなに自分がいいと思っていても、他者はそうは思わないかもしれません。自分が大事にしている考え方と、真っ向から対立するような考え方をする人もいるかもしれません。多様性を認めるのがワークショップなのですから、それでいいのです。寛容になりましょう。「つまんななぁ〜い」と参加者の子どもから言われたら、認めたくないかもしれませんが、それを受け止めることです。「そうだよね。つまんないよね。じゃあどうしたら面白くなるかな？」

「静かにしなさい！」「それは間違っています！」と反論したくなるかもしれませんが、それでは表現ワークショップはだいなしです。参加者が乗らない顔をして、あなたが提案したエクササイズをやりたそうではなかったら、「さぁ、やりましょう！」と無理やりやらせるのではなく、まずはその状況を認識するべきです。うまくいかないのは、参加者が悪いのではなく、「自分の進め方」に問題があります。参加者は自分の鏡です。

ひとつひとつのエクササイズへの感想も同じです。自分が伝えようとしたことが上手く伝わらないこともあるかもしれません。そういう時「なんで分かってもらえないんだろう」と「むかっ」としたり、相手を説得しようとやっきになったりするのは、「自分がいいと思っていること」にこだわりすぎて、他者を許せなくなっている状態です。「自由に表現していいんだよ」と口では言いながら、意図に沿わない発言が出ると、違和感を持ってしまう。これは矛盾しています。

もしかしたら、いつの間にか参加者に対して、過剰な「期待」をしているのかもしれません。このような失敗をしないために、ファシリテーターは常に「自分チェック」をするべきではないかと思います。自分の精神的／物理的行動が矛盾していないかどうかをチェックするのです。

column 13

共感的ファシリテートとは？

参加者はある意味ファシリテーターより弱い立場です。「これから何をやるか分からない」のに「何かをやらされるかもしれない」立場にあります。ファシリテーターは「これからやることを知っている」ので、参加者はファシリテーターの話を聞かない限り何も行動することができません。ワークショップがつまらなくても、反抗的な気持ちを言うことは、場を乱してしまうかもしれないと気を使って言わない人もいるかもしれません。参加者のほうが気配りができているときもあります。ファシリテーターは、そういう参加者の境遇を想像してみて、できるだけ参加者がアクティビティに熱中できるように配慮するといいのではないでしょうか。

たとえばその場で言えない気持ちは、ファシリテーターやワークショップに対してのネガティブな気持ちの場合もあると思います。わたしはそれをできるだけ代弁するようにしています。ファシリテーターが自分の気持ちを代弁してくれたことで、自分が発言できなくても、気持ちが楽になったという参加者の感想をよく聞きます。ファシリテーターには共感の気持ちが大事なのです。

「好奇心」で老化予防！

column 14

何をしてもつまらない。
何を見ても感動できない。
誰と会っても何も感じない。

人は「好奇心」を失ったときに「老化」するんですって。
「これならもう知ってる」「どうせ、こういうことだろう」「そんなの当たり前じゃないか」……年をとると、どんな刺激にも慣れてしまって、なにごとも無感動に片づけてしまいがちです。

精神科医の和田秀樹さんによると、大脳の「前頭葉」が老化すると、「意欲」や「自発性」や「好奇心」が低下して、自分が「こうだ」と思ったことを、なかなか変えられなくなるのだそうです。つあり物事を楽しめなくなってきた人は、「前頭葉の老化」が始まっているのかもしれません。

では、どうしたら老化を防いで、「なんでも楽しめる人」になれるのでしょうか。それは、予測と実際に起こったことにギャップをつくり、「感情を動かす」ことだそうです。

つまり

「予想」＝「実際に起こったこと」→無感情
「予想」∨「実際に起こったこと」→感情が起こる
「予想」∧「実際に起こったこと」→感情が起こる

このように、予想が裏切られると、そこに「感情」が生まれ、「好奇心」が生まれるのです。インプロのエクササイズでは、予想が裏切られる体験がたくさんできます。老化予防としても有効かもしれません。

column 15

迷いの魔力にご注意

「迷う」って、実は快感なんじゃないかしら？　そんなことを感じることがあります。たとえばインプロのエクササイズの中で、「誰にでもいいからオファーをして」と言っても、「誰にオファーにしようか」と迷われる方々をよく見かけるのです。「誰に伝えてもいい」のにも関わらず、迷ってしまう。まるでオートマティックに、「行動」することと「迷う」がセットになっているみたいです。

もしかしたら私たちは「悩まなくてもいいことにも悩む」くせがあるのかもしれません。すぐに決められることもあるのに、それを先延ばしにしているのかもしれない。そう思うと、普段の行動も、もっとちゃっちゃと進むかも。すぐ決めて、すぐ行動する。そういう癖も身につけたいものです。

column 16

「ははは！」――笑いって深い。

「笑い」にはさまざまな利点があります。井上宏著『笑いの人間関係』（講談社現代新書、一九八四年）によると、笑いの効用には、親和作用、誘引作用、浄化作用、解放作用の四つがあるといいます。親和作用とは、人間は笑いあうことで仲良くなれること。ワークショップでもまずは全員から自然に笑顔が出ると、そこから徐々に親密感が生まれるように思います。ふたつ目に誘引作用。人間は「無表情／怒っている顔」より「笑っている顔」に惹きつけられるそうです。ファシリテーターとして人を惹きつけたいのであれば、恐い顔より笑顔のほうが注目を集めやすいかもしれません。三つ目に浄化作用。笑うことで、横隔膜が動き、内臓が刺激され、血液の循環もよくなります。つまり笑いは健康にいいのです。どんな表現に対しても「楽しい、面白い」と感じることは、健康面でも利点があるようです。最後に解放作用、つまり緊張を解く効果です。誰でも経験があるかもしれませんが、人間は緊張すると笑えません。逆に緊張が弛むと笑えるようになります。つまり「笑い」は「リラックス」のバロメーターにもなりうるのです。このようなゆとりによって、物ごとを相対化・客観視することができます。それによって精神にゆとりが生まれます。ゆとりによって心身がリラックスできます。もしかしたらワークショップによっては「重い」テーマを扱うこともあるかもしれません。たとえば災害や人の死などをテーマにした場合など。しかしテーマを客観的に受け止めるためには、その中でも笑顔が必要であることを忘れないようにしたいものです。

　このように「笑い」には、たくさんの利点があります。それに加えて、私はもう一つ利点があると考えています。それはパーミッションです。パーミッションとは「許し」のこと。自分が笑うということは、相手にも「笑っていいですよ」という許可を与えることでもあります。ファシリテーターが笑顔でいると、参加者も「ああ、ファシリテーターが笑っている。じゃぁこの場は笑っていいのだな」と思い、遠慮せずに笑うことができます。（笑うと四つの作用が働きます。）逆にファシリテーターが恐い顔をしていたら、参加者は「ああ、この場は笑ってはいけないのだな」と思って、自分の感情を押し殺すようになります。参加者に遠慮なく表現してもらうためには、まず自分が笑顔でいることです。そうすれば、そのサインを参加者が読み取って笑顔になれるでしょう。それは親密感や、注目や、健康や、客観性をもたらしてくれるに違いありません。

「失敗したくない」が足をひっぱる

column 17

インプロのワークショップをやって、いかに人が「失敗したくない」と思っているかを痛感します。日本では特にその気持ちが強い人が多いように感じます。「失敗したくない」気持ちは、参加者の緊張した身体や、エクササイズに飛び込めない振る舞いに投影されています。この気持ちがほどけない限り「表現」というステップに進むのは難しいので、アイスブレークやウォーミングアップを十分に行います。

世界的に有名なテニス・コーチのW・T・ガルウェイは、「失敗したくないという気持ちがあると、自分が持っている能力を発揮することができない」と言っています。その要因は、「負けたくない、失敗したくない」という恐れ、「自分には能力・才能があるのだろうか？」という自分への疑問、「かっこ良く見られたい」という見栄、「なんとか成功したい」という計算する自我などだと言います。キース・ジョンストンは「すべての元凶は〈恐怖〉だ」と言っています。

これを乗り越えて、ベスト・パフォーマンスをするためにはどうしたらいいのでしょうか。ちなみにこれら「失敗したくない」気持ちは、主に脳の左側の働きによって生じるもので、すぐれたスポーツ選手の左脳の活動は、パフォーマンスが完璧になるときほど低下して、右側が活性化するのだそう。つまりベスト・パフォーマンスに必要なのは、左脳が行なう合理的な思考ではなく、いかに感じるかという右脳の活動の活発化なのです。つまり右脳を活発に使うような活動をすることで、「失敗したくない」という気持ちを軽減することができるかもしれません。インプロのエクササイズには、右脳を使うものがたくさんあります。また「失敗しても、やり直せるさ」というある意味での気楽さや、「イエス・アンド」によって「失敗だと思ったことでも上手に使えば、失敗は失敗ではなくなる」というタフさを身につけることができます。知識としてだけではなく、体験することで、ぜひ「失敗したくない」気持ちを乗り越えられればと思います。

心が動くから、表現が生まれる

column 18

心が動いてこそ、表現は生まれます。心が動いていないのに、表現を強要されても、苦痛なだけで何も出てきません。逆に「心が動く体験」さえすれば、誰でも表現することができます。否、表現するなと言われても、表現が止まらなくなります。たとえば子どもの頃、学校で楽しいことがあったとき、母親に言いたくてたまらないかった経験はありませんか。親にあきれられても、話したい気持ちがあふれてくる。夏休みに行った家族旅行のことを、友だちに話すとき。失恋した悲しさで親友と長電話するとき。いいことがあって、つい顔がほころんでしまうとき。その全てが「表現」なのです。

この「表現」を引き出すために、ファシリテーターはワークショップをデザインします。ただ「表現して／表して／やって見せて」と言うのではなく、こちらが言わなくても参加者が表現したくてたまらなくなるように、心が揺れる体験を提供するのです。表現は自然に自発的に出てくるはずです。

column 19 劣等感もたまにはいい

ファシリテーションをする前、一年間ぐらいある講師のアシスタントをしていました。役者である自分が「教える立場になるなんて大層なこと。とんでもない！」と思っていたし、自分には向かないと思っていました。しかも尊敬していた講師から「ユリはダメ。人に教える資格なんてない」と言われたことで、ますます自信が持てなくなりました。このトラウマもあり、今でも自分のファシリテーションに自信を持つことができません。

しかし、いいこともあります。それは劣等感があるからこそ、いつでも「謙虚」でいられること。トラウマは苦しいけれど、おかげで「常に学ぶ」姿勢を持つことができる。そういう意味では、私を傷つけた言葉に対しては「ＦＵＣＫ　ＹＯＵ！」だけど、現象に対しては「ありがとう！」と言うこともできます。

column 20 「想像力」は誰にでもある

「想像力」とは何でしょうか。これらはは曖昧な概念です。実体は無いし、説明されてもよく分からないし、学校で習わなかったし。どうしても「自分には無関係。特別な人だけがもっている能力」と考えられがちです。ワークショップでも「私は想像力が無くて」とか「想像するのがニガテです」とおっしゃる方は少なくありません。「想像力」とはイメージを思い浮かべる力です。イメージとは、ココロに創る像＝心像です。「りんご」という言葉を聞くと、頭の中に「りんご」の絵が浮かびますね。それがイメージです。

中沢和子著『イメージの誕生』（NHKブックス）によると、イメージすることは一般的に「非現実的」と受け取られがちだけれども、実は生活のすみずみにいきわたっている実用的なものであるといいます。イメージというと、子どもの頃の出来事や印象的な風景を思い出すなど、ロマンチック、ノスタルジックなものだけだと思われがちですが、そうではないようです。たとえば、料理をする人は、味噌汁の作りかたを他者に説明することができます。これはお味噌汁の作りかたを心の中でイメージしているから。車を運転していて、どちらの道に行くかを判断する。これもその道の先にあるものをイメージしているからできることです。このように人間は無意識にイメージをしながら生活しているのです。

さてこのようにイメージとは、自分が体験したことだけで作られます。映像は、心の中で編集したり、組み合わせたり、並べ替えたり、コントロールできるものであり、組み合わせや並び順によって、その像は変わっていきます。さらに面白いのは、どんなイメージを持つかによって、心が影響を受けることです。楽しいイメージを組み合わせると楽しい気持ちになり、ネガティブなイメージを組み合わせると、心が重くなります。しかもそれは、自分の心で起きることであって、他者は見ることができません。イメージは表現されることで、初めて他者に伝わり、他者と分かち合うことができるのです。

無意識に使っているイメージ。これは誰でも持っている力です。しかも自分でいかようにもクリエートすることができる。「イメージする機能」をもっと効果的に使えば、日常がもっと楽しくなり、それを表現すれば、人との関係もさらに面白くなるかもしれません。

column 21

マニュアルは頭でっかち！

「人の話を聞くときには、うなずくこと。対面の角度は九〇度にすること。そうすれば相手がリラックスします」このように、たとえば傾聴についてたくさんのマニュアル本が出ています。

しかしこれを守ると本当に話が聞けるようになるのでしょうか？　おそらくならないと思います。なぜなら話しを聞くことにマニュアルが通用するというロジック自体に無理があるからです。話し手の状態はいつも違うので、本当の傾聴はマニュアルどおりにはいかなのが通常なはずです。

マニュアルは簡単に成功する方法を教えてくれるかもしれませんが、本質は教えてくれません。「話を聴いているように見えるフリ」は教えてくれますが、本当に話を聞くことについては教えてくれません。マニュアルに頼らないで、フリをしないで、本質的に大事なことを見ていくことは遠回りだと感じるかもしれませんが、結果的には本当に得たいことを得ることのできる最短方法なのかもしれません。

感情のストレッチをしよう！

column 22

質問です。いくつ「イエス」がありますか？
――最近は、自分から遊びに友だちを誘ったことがない。
――性欲、好奇心などがかなり減少している。
――失敗すると、昔よりもうじうじと引きずってしまう。
――自分の考えと違う意見をなかなか受け入れられない。
――年下にタメ口をきかれると瞬間的にむっとしてしまう。
――「この年で始めても遅い」とよく思ってしまう。
――最近、感動して泣いたことがない。
――かっとして、部下や家族に怒鳴ることが覆い。
――この半年、一本も映画を観ていない。
（和田秀樹著『人は「感情」から老化する』（祥伝社新書）より）

みなさんは、どのくらいの「イエス」がありましたか？もし「イエス」が多かったら、「感情が老化している」かもしれません。

人間は年をとっても、「知性」はあまり衰えないのですが、「感情」は衰えていきます。年を取ると、おこりっぽくなったり、自分より若い人・弱い人に八つ当たりしたりしてしまう。感情のコントロールができなくて、気持ちの切り替えができなくなる傾向もあるそうです。さらに「昔はこうだったから、こうする」と、自分の経験からものごとを判断することが多くなります。物ごとを判断するパターンつまりスキーマが、自分が知っていることばかりだと、脳にとっては新しい刺激ではないので、脳は老化していくそうです。年は取りたくないですね～（苦笑）。しかし解決方法があります！　それは「これはこうあるべきだ」という決め付けをしないで、物ごとに柔軟に対応すること。生活に変化をつけること。スキーマに固まらない生活をすることだそう。

インプロのエクササイズは、好奇心を刺激するものがたくさんあります。しかも「演劇的体験」は、普段あまり使うチャンスのない「感情」をストレッチすることができます（ここでいう「感情」というのは、ポジティブなものだけじゃなくて、ネガティブなものも含めてです。「感情」とは「いい」「悪い」で測れるものではありませんから）。しかもグループで行うことで、自然に効果的に、自分とは違う刺激を受けることができます。思いっきり怒ったり、笑ったり、びっくりしたり、時には泣いたり。そんな「感情のストレッチ」は、「感情の老化」防止になり、どんな人とでも穏やかにコミュニケーションすることのできる「やわらかな人間づくり」に役立つのではないでしょうか。

column 23 「ひらめき」を信じて

人が状況を判断するとき、そこには二つの方法があるといいます。ひとつは「意識的」に判断する方法。自分の経験や情報から状況を判断します。もうひとつは「無意識」に判断する方法。これは判断した自覚がなく、瞬時に判断を下す方法です。ひとつめは一般的に正しいと思われている方法ではありますが、時間がかかります。ふたつめは、「無謀」だとも受け取られがちですが、たいして時間がかからないという利点があります。みなさんはどちらの判断方法のほうが、より正しいと思われますか。

この「なんとなく」の気持ち、「ひらめき」や「直感」について、さまざまな科学者が研究を行っています。マルコム・グラッドウェルは『第1感「最初の2秒」の「なんとなく」が正しい』（沢田博・阿部尚美訳、光文社、二〇〇六年）の中で、「第一感は誰でも持っていて、養い、自由に操れるもの。そして綿密で時間のかかる理性的な分析と同じくらいに、瞬間のひらめきには大きな意味がある。」と言っています。つまり、ふたつめの「無謀」と考えられる「ひらめき」が、時間をかけて考え判断することと同じように（もしくはそれ以上に）、すぐれているというのです。さらに認知心理学者のゲルト・ギーゲレンツァーは、この無意識の方法を「すばやくムダのない」思考法と呼びました。心理学ではこの脳の働きを「適応性無意識」と呼んでおり、この無意識は優秀なコンピューターのように、大量のデータの中から必要な情報を瞬時に処理してくれるのだそう。また、心理学者ティモシー・D・ウィルソンは、「高度な思考の多くを無意識に譲り渡してこそ、こころは最高に効率よく働くことができる。最新式のジェット旅客機が〈意識的〉なパイロットからの指示をほとんど必要とせず、自動操縦装置で飛ぶのと同じである。適応性無意識は状況判断や危険告知、目標設定、行動の喚起などを、実に高度で効率的なやり方で行なっている。」と言っています。つまり「ひらめき」や「直感」は、あてずっぽうの不確かな判断ではなく、脳のすぐれた能力によって行なわれている意識の働きだと言えるかもしれません。

さて、人間は時間をかけて物ごとを考え、判断することについては子どもの頃からたくさんの教育を受けています。しかし、それと同じくらい価値のある「瞬時のひらめき」については、あまり価値を認められていません。

インプロのエクササイズには、「直感」を使うものが多々あり、そこを鍛えることができます。瞬時の判断が必要なインプロの作業の中で、このような思考法が鍛えられることは間違いありません。

まずは自分に「イエス・アンド」しよう

column 24

他人の成功を横目で見て、「いいなぁ〜、うらやましいなぁ〜」と思ったことありますか？　わたしは、正直言って、あります。他人がうらやましくて、うらやましくて、気になって、気になって。その人のブログを何度も読み返したり、情報を調べたり。でもそのうちに気がつくんです。「あれ、わたしって自分の人生、生きてないな。」って。そして自分の軸に立ち戻ります。

みなさんはどうか分かりませんが、わたしの人生はこんな風にすぐにゆらいでしまいます。そしてなぜか、他人の人生を生きようとしてしまう……

他人の成功にココロをかき乱されるということは（感情的になるということは）、その現象自体に問題があるのではなく、その現象が、〝自分にとって〟大事なことであるということの〝サイン〟だと、友人の心理学者が言っていました。そして最近ようやく分かってきたことは、わたしの場合、自分を大事にしていないときに、他者を見てココロをかき乱されてしまうということ。自分を大事にしていれば、自分が今に満足していれば、他人の幸福にこころをかき乱されることはないんです。

わたしにとって、「自分を大事にする」ということは「今を大事にする」ということでもあります。他人の成功や、他人の幸せ。それを祝福できるということは、同じぐらい自分を大事にしているということ。そして、それを実感させてくれるもの、ずれた軸を中心に戻してくれるもの、気絶しそうな自分を今に取り戻してくれるもの。そんなトランキライザーがわたしにとっては「インプロ」です。

「インプロ」は、わたしを「今」に引き戻してくれます。自分を大事にすること、相手を大事にすること。そして未来に飛び込むことを教えてくれます。だからわたしは「インプロ」をやっているんですなぁ……。

column 25

「イエス・アンド」はカフェオレ

「イエス・アンド」について、もう少し細かく見てみましょう。

「一見イエス・アンドに見えるけれど、実は自分のアイデアを押し通しているだけ」というものがあります。ちょっとややこしいのですが解説してみます。

Aさん「ある所に大きな山がありました」

Bさん「その隣には、海がありました」

Cさんが「しかも海の隣には、滝がありました」

これは相手のアイデアを否定していないし、自分のアイデアを付け加えていますので、「イエス・アンド」しているように見えますね。しかし、Bさんのアイデアをよく見ると、Aさんのアイデアが無くても成り立つことができます。ということはAさんのアイデアは必要なかったことになります。つまりBさんはAさんのアイデアを使っているわけではないのです。「海」という新しいアイデアを出しているのです。同じくCさんのアイデアも、AさんとBさんの「山」や「海」のアイデアはまったく使われていません。では次のケースはどうでしょうか。

Aさん「ある所に大きな山がありました。」
Bさん「その山はあまりに大きいので、誰一人頂上に行った人はいません」
Cさん「あるとき、その山の頂上を目指すことにした若者が現れました」

Bさんのアイデアは「大きな山」というAさんのアイデアから発想されたことが分かります。Aさんのアイデアが無ければ、Bさんの「頂上に行った人はいない」というアイデアは出てこなかったと思われます。さらにCさんのアイデアは、AさんとBさんのアイデアから発想されています。二人のアイデアがなければ、Cさんのアイデアは出てこなかったでしょう。

このように「イエス・アンド」が上手くできているとき、イメージは膨らみ、より鮮明なストーリーが立ち上がります。

「イエス・アンド」は、レゴ・ブロックを横に並べるのではなく、上に積み上げるイメージです。さらに、それぞれのアイデアはブロック状ではなく、相手のアイデアから触発されて、自分でも予想しなかったアイデアが「自分の中から引き出される」イメージです。お互いのアイデアは、コーヒーにミルクを入れると、ミルクコーヒーになるのではなく、カフェオレになるように「ブレンド」されています。

実り豊かなワークショップのために

インプロとワークショップについて考えておきたいこと

III

インタラクティブな関係作りのために
——どうやって相手の「やる気」を引き出せるか？

ワークショップとは何か。

中野民夫は著書『ワークショップ—新しい学びと創造の場』（岩波新書）の中で、ワークショップを「参加」「体験」「グループ」をキーワードに、双方向的、全体的、ホリスティック（全包括的）な「学習」と「創造」の手法であると定義づけています。双方向、全体的、ホリスティックな活動を促進するためには、どうしたらいいのでしょうか。ここではさまざまな切り口から、インタラクティブな関係を築くためのアイデアを紹介します。

（1）インタラクティブな刺激をうながす

まず一般的な学校教育の形式を考えてみます。教室では、教師が一番前に立ち、学生は教師に向いて座ります。最近は「島」のように数人がグループになって座る形式もあるようです。この着席形式だと、教師は学生をこちらに向かせることができますし、学生の様子を監視することもできます。トップダウン式で、教師が学生に知識を一方的に身につけさせるのに効果的だと言われています。つまり教師が学生を「コントロール」するのに都合がいいのです。しかし学生からすると、一方的に送られてくる情報を得るだけの形態によって、「受け身」の関わり方を余儀なくさせられることになります。

しかしワークショップは双方向的活動であるため、このような学校形式の着席による管理は相応しくありません。ファシリテーターが一方的にしゃべって、参加者が聞くという関係ですと、先ほど述べた教室の風景と同じように、参加者に「受け身」の関わりを強要することになります。ではどうしたら、参加者が活性化できるような形式や場所を作りだせるのでしょうか。ここでは「刺激」に着目してみます。「刺激」が多いと「脳」が活性化して、自然にモチベーションが上がると言われています。そのための、一つの工夫を紹介します。

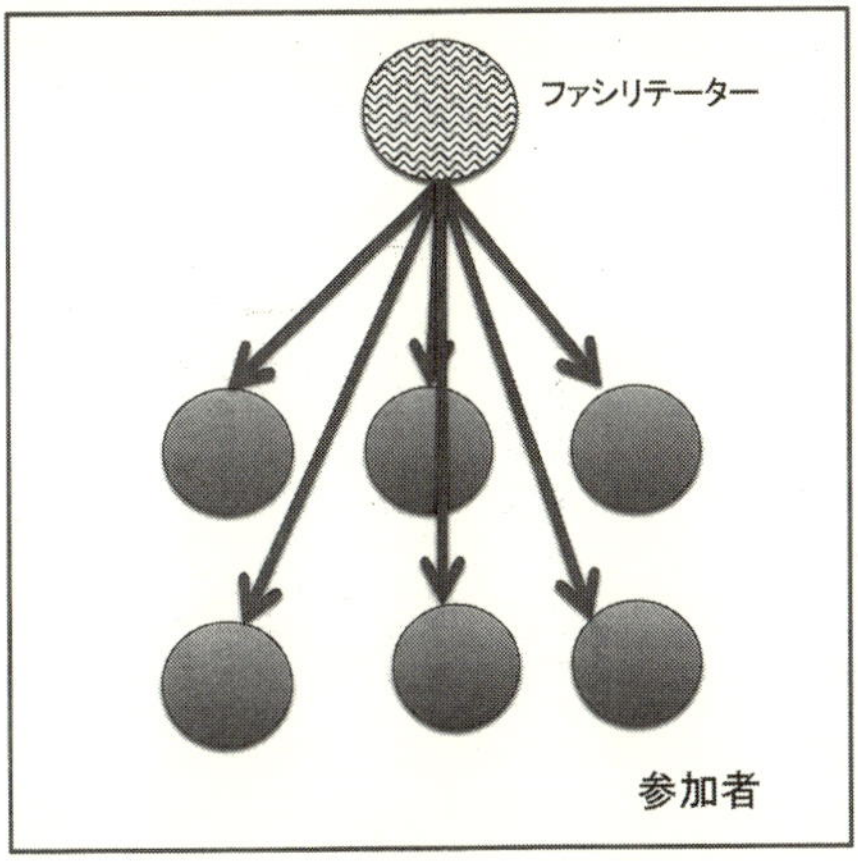

【図1―1】
一般的な学校のスタイル

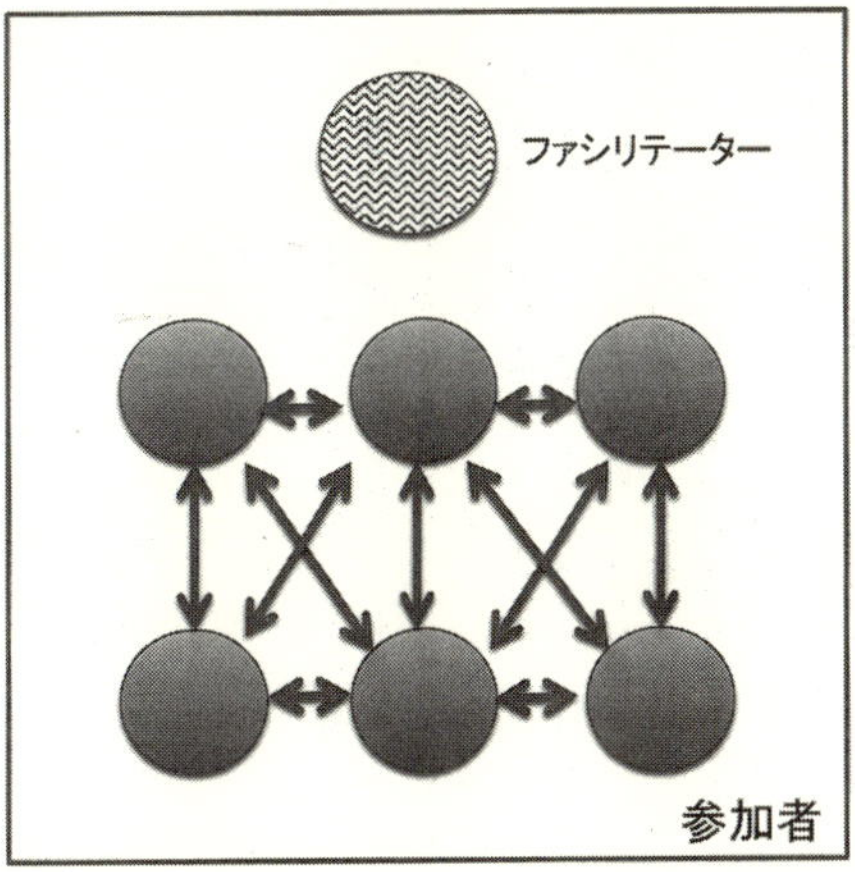

【図1―2】

【図1―1】は、一般的な学校のスタイルです。刺激がファシリテーターからしか来ていないことが分かります。【図1―2】では、同じ室内で、同じ並びですが、関わりが複雑になっています。参加者同士の関わりを促すことで、このようなインタラクションを作るのです。このインタラクションでは、参加者の四方八方から刺激を受けることができます。刺激を受けることで、自然に人間は活き活きとしてきます。さらにファシリテーターが場所内を動き回れば、それが参加者への刺激となります。この形態は、ファシリテーターにとっても利点があります。参加者から注目されていませんので、参加者を観察することができるのです。このようにファシリテーターは「自分と参加者の関係」に注目しがちですが、むしろ参加者同士のインタラクションをデザインすることを考えることで、結果的にはいい場所を創り出すことができます。では、このようなインタラクティブな形態を生み出すための、ちょっとしたコツをお教えいたしましょう。ちょっとした声かけとエクササイズであっという間に、インタラクティブな場を創造することができます。

■エクササイズ〈自己紹介〉

［やり方］ 隣の人とペアをつくって、自己紹介（名前／出身地／趣味など）をしあってください。時間は三十秒。

▼バリエーション1 共通点を見つけてください。できるだけたくさん見つけてください。時間は三十秒。

▼バリエーション2 自分について三つの事柄を話してください。ただし一つは「嘘」。聞いている人は、どれが「嘘」かを当ててください。時間は一分三十秒。

［解説］ バリエーション2は、「嘘」という「制約」があります。この制約のおかげで、「嘘はどれかな？」という聞き手の好奇心を引き出すことができます。話し手は「嘘」を即座に考えつかなくてはならないドキドキ感を楽しみます。双方にモチベーションがありますので、ただの自己紹介とは違うインタラクションを生み出すことができます。このエクササイズはワークショップの早い段階で入れるといいと思います。

（2）目的をずらす――表目的と裏目的

表現が生まれる時。

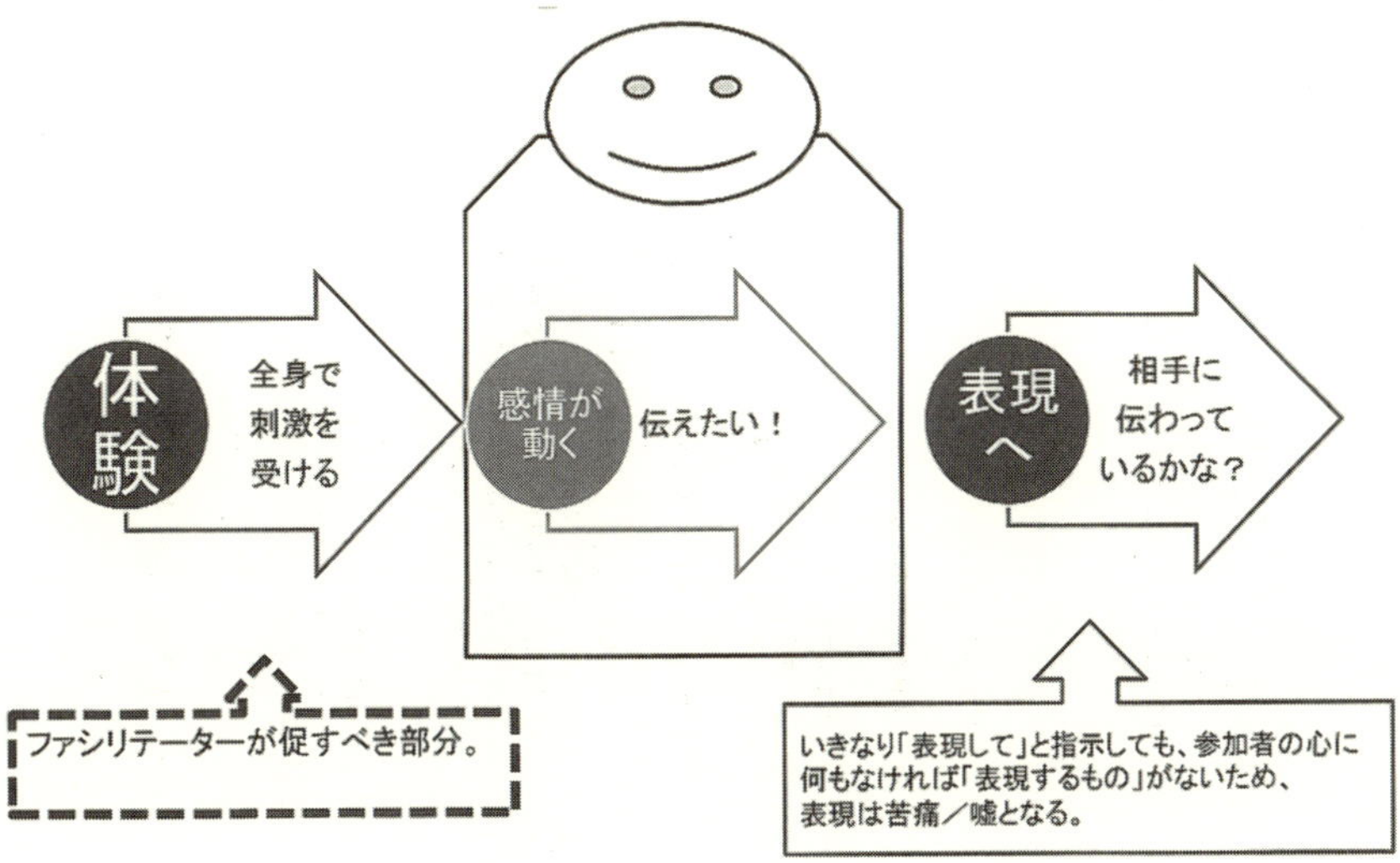

【図2】表現が生まれる時

最近、さまざまな高校からワークショップの依頼があります。依頼してくださった先生に「なぜワークショップをしたいのですか？　何か気になっていることはありますか？」と伺うと、ほとんどの先生は「最近の高校生は〝声〟が出ません。どうしたらいいでしょうか。学生たちの声が出るように、コミュニケーションができるようにして欲しい」とおっしゃいます。このようなご依頼に対して、どのようなワークショップのプログラムを考えたらいいでしょうか。

先ほどから述べているように、ワークショップの主役は参加者であり、ファシリテーターはサポート的な役割だと私は考えています。ファシリテーターはいわば「お産婆さん」。できれば参加者が「受け身」ではなく、積極的に「主体的に」関わって欲しいものです。しかしだからといって、声が出ない高校生に対して「声を出しなさい！」と言っても、それで仮に高校生が声を出したとしても、それは「やらされている」ことになってしまいます。

つまりこの指導方法には二つの問題点が考えられます。ひとつは「行為を強制」していることです。「やりなさい」と強制すれば、学生たちは従うかもしれませんが、従うという行為自体が学生を「受け身」にさせているため、先生からの強制によって、自然に「受け身でいること」を学んでしまいます。「大きな声を出して欲しい」という願いの中には「積極的に活動してほしい」という思いがあるように思えますが、もし先生がこのように学生を「強制」した場合、積極的とは逆の事柄を、学生に植え付ける可能性があるのです。

二つ目に「声を出す」ということは、あくまでも「結果」であるということです。人間が声を出すのには「理由」があります。相手を振り向かせたい。相手と話がしたい。周りの注意を自分に向けたいなど。つまり「声を出す」ためには「理由」が必要なのです。むやみに「声を出しなさい」と言われても、「理由」がなくては出しづらいですし、出したとしても「意味の無い行為」であり、それはむなしいのではないでしょうか。つまり必要なのは「理由」です。「理由」を設定することで、結果的に声が出せるようにすることが大事なのです。

【図2】をご覧ください。この図では「表現の生まれるプロセス」を示しました。表現が生まれる時には、まず外界から何らかの「体験」（刺激）が必要です。それによって心が動き、心が動くと、それを他者に「伝えたい」と思い、それが「表現」となります。つまり参加者から表現を引き出すとき、まずは「体験」を提供することが大事なのです。しかしファシリテーターが陥りがちな問題は、体験を提供するよりも、参加者が表現することに着目しすぎてしまうことです。声が出ない高校生の例でいうと、高校生に「声を出しなさい。もっと大きな声で」と指示することは、体験やそこから生まれる心の動きという表現の発露を無視していることになります。

さてこの2点に留意して、学生が自主的に声を出せるように促すためには、どうしたらいいのでしょうか。わたしの体験から、いくつかのエクササイズを紹介します。

■エクササイズ1「聖徳太子ゲーム」

聖徳太子は、百人の話を一度に聞くことができたと言われています（ホントウかどうかは分かりませんが）。みなさんも聖徳太子になれるでしょうか？　大変だけどチャレンジしてみましょう！

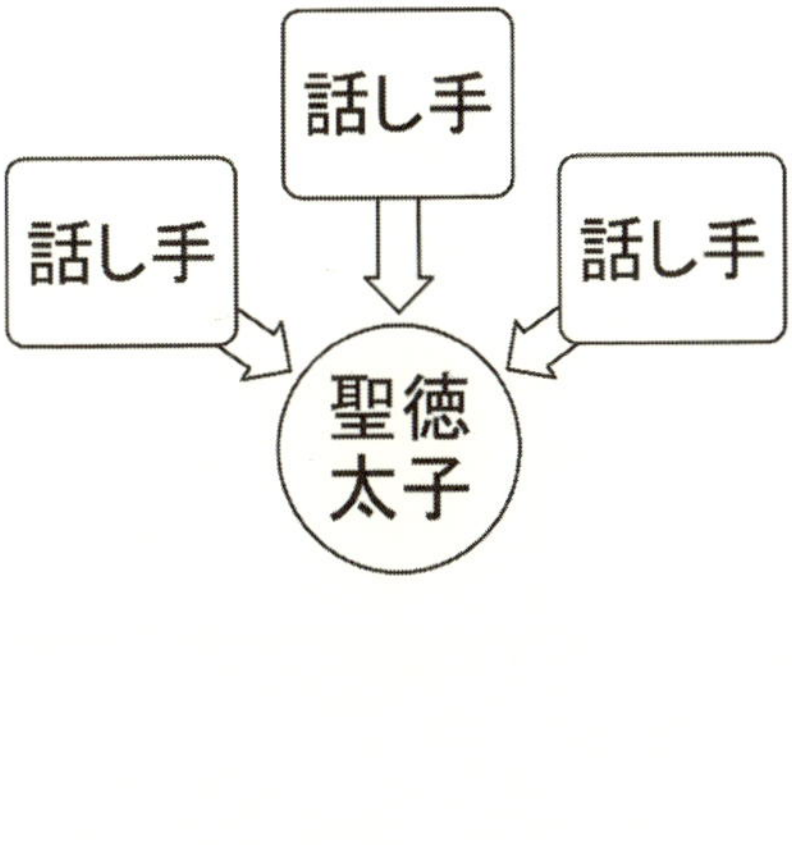

【図3】聖徳太子ゲーム

【やり方】 三人で行います。（それ以上でもオッケー）ひとりは、「聞く人（聖徳太子）」です。他の二人は「しゃべる人」です。自分が話したいことを一つ決めます。話したいことは、どんなことでもオッケー。（最近凝っていること、好きな芸能人の話など）

聖徳太子役のひとりに向かって、二人で一斉に、自分の話したいことをしゃべります。聖徳太子は、両方の話を聞かなくてはなりません。時間は三十〜四十秒ぐらい。あまり長くすると、両者苦しくなってしまいます。その前に終わらせましょう。あくまでも聞く／声を出すという経験を楽しむことが大事です。終わったら、二人がどんな話をしていたかを、簡単に確認します。

確認を厳密に行う必要はありませんし、厳密さを言及する必要はありません。あくまでも「体験すること」を重視して、「できた／できない」はあまり問題ではありません。**【図3】**

▼バリエーション1　同じルールで「ひそひそ声」でしゃべります。

▼バリエーション2　同じルールで、距離を離してしゃべります。

【解説】 このエクササイズの目的は「相手の話を聞くこと」です。主役は「聖徳太子」役にあるように見えます。もちろんこの目的を果たすために行うのですが、実はこのエクササイズには「裏の目的」もあります。それは「自由に話す」ということ。つまり聖徳太子役だけではなく、他の二人のためのエクササイズでもあるわけです。しかしエクササイズをやるときに、表向きに「これは話すことが目的です」と言ってしまうと、話し手にプレッシャーがかかりま

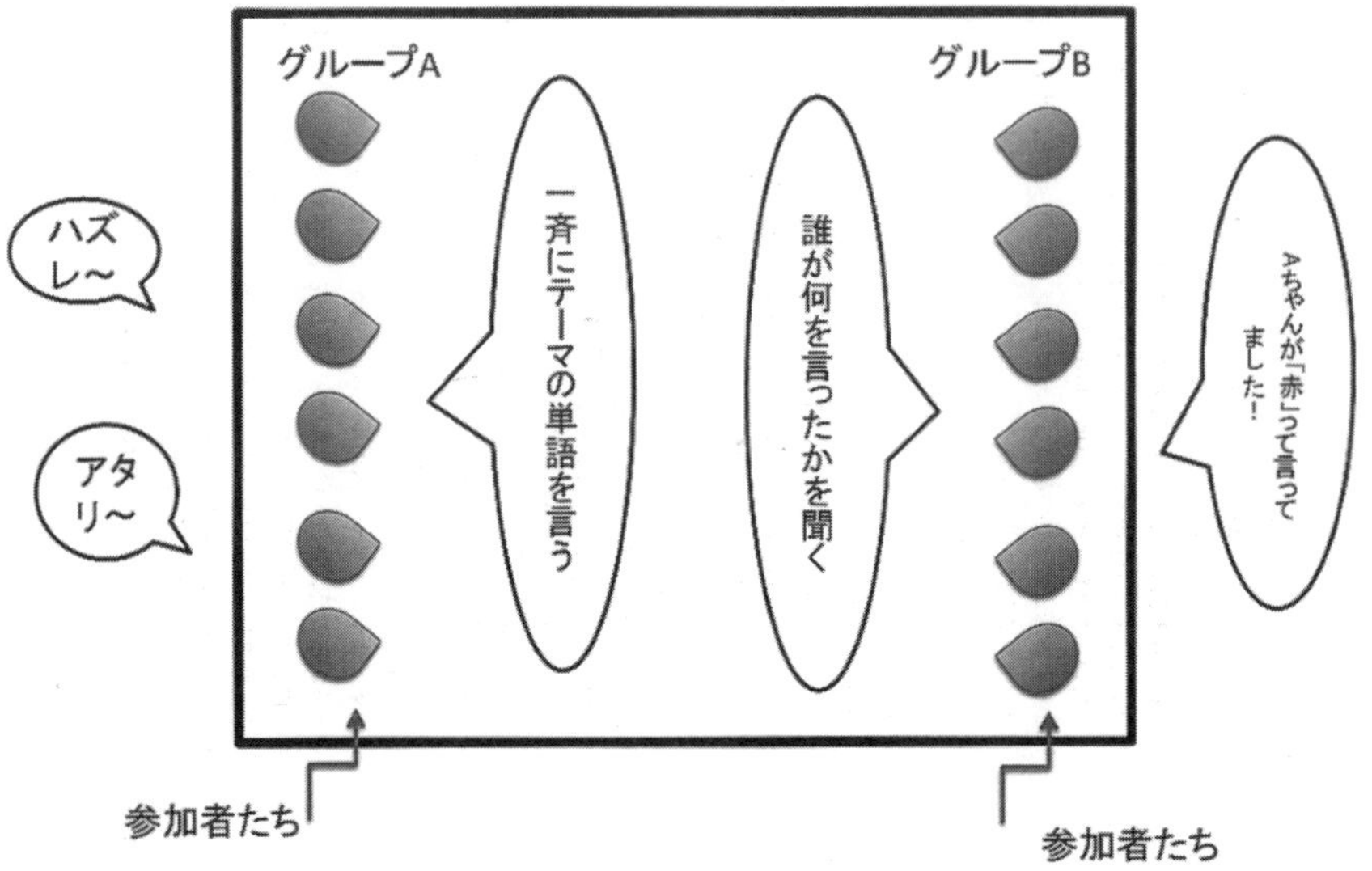

【図4】聖徳太子ゲーム　バリエーション3

すね。「話さなくてはならない」という状況になると、目的は理解できても、実際は話しづらくなります。もし目的が、プレッシャーなしに声を出してもらうことだとしたら、それを回避するための工夫が必要なのです。プレッシャーなしに、いつの間にか声が出るようになっていれば、目的は達成されたことになります。

・表目的＝一度に数人の話を聞く。
・裏目的＝自然に声を出す。

▼バリエーション3　グループ対抗にします。まず集団を2つに分けます。

それぞれのグループは、部屋の両サイドに一列で立ちます。

片方のグループ（グループA）は、自分の好きな色を決めます。一斉にその色を言います。

もう一方のグループ（グループB）は、グループAのメンバーの「誰が何の色を言ったか」を当てます。**【図4】**

全員が当たるまで行います。当たった人も、最後まで声を出します。

ファシリテーターは「当たっていない人（声が小さい

人）をフォーカスにしないで、当たった人にさりげなくこう言います。「当たった人は、まだ当たらない人が聞かれないように、さらに大きく声を出してね〜！」

自分はすでに当たっているので、さらにプレッシャーがなく声を出すことができますし、当たっていない人も「自分はできていない」というプレッシャーなく、エクササイズを続けることができます。

聞いて当てるグループBは、なかなか当たらないかもしれません。彼らに対しては「みんな、がんばって〜！　よく見て〜よく聞いて〜」と促します。二、三回やって当たらない場合は、「じゃあオマケ、一歩前に出ていいよ〜」と言いながら、徐々にグループAに近づくようにします。これはあくまでもグループB（聞く側）のためのエクササイズであるという表目的を貫くため、オマケを貰えるのはグループBです。ここでグループA（声を出す側）に「じゃあオマケとして、一歩前に出ていいよ」と言ってしまうと、まるでグループAのためのエクササイズのようですね。これはあくまでも「裏目的」ですので、表に出しません。ルールを徹底して、参加者のプレッシャーを取り除きます。そうすれば、皆が楽しく、しかもチャレンジングなレベルを楽しむことができます。

（3）共感的に関わる

スタンォード大学のデザイン・スクールには、応用インプロが授業の中に組み込まれています。デザインを学ぶ学生に、インプロのエクササイズからの体験が非常に学びになるそうです。その学びのひとつに「共感」があります。

「共感」とは、相手の立場に立ったときの感覚のことを言います。「同情」と混同されがちですが、「共感」と「同情」とは、自分の立ち位置が大きく違います。「共感」は相手の境遇に立ったときの気持ちです。ここでは相手を客観視したり、批評したりしないで、先入観なしでいることが大事です。対して「同情」は、相手の状況に対して主観的に感じる感情です。たとえば、災害にあった人の境遇に、具体的に入っていって体験する気持ちが「共感」であり、相手の境遇を外側から客観的に見て感じる気持ち、たとえば「可哀想」とか「大変そう」とかそういう気持ちが「同感」です。

【図5】デザイン思考

心理学では「共感」を、「他人の靴をはく」と表現することがあります。一見同じように見える他人の靴でも、はいてみるとたちまち「自分のではない！」と感じます。これは、外側からは見えないが、内部にはその人独特の経歴があり、それぞれは違うということです。そして他人の靴をはくと、なんだか居心地が悪いものです。自分の足と若干フィットしません。この違和感によって、相手と自分を違いを理解することができるのです。

さて、なぜスタンフォード大学のデザイン・スクールの学生が「共感」を大事にしているのでしょうか。それは、プロダクトのデザインが「共感」から始まるからです。【図5】は、プロダクトを作成するときのデザイン・プロセスです。まずクライアント（依頼者）に共感して、そこから問題点を抽出し、そのためにどのようなプロダクトが作れるかを考え、試作品をつくり、それをテストするという流れです。ここで注目することは、初心者のデザイナーが陥りやすい点です。初心者のデザイナーは、クライアントから、たとえば「新しいイスを作ってください」と依頼されると、どうしても「どんな形／色のイスにしよう？」とすぐに創作を開始しようとする傾向があります。しかしこれだと、自分にとって新しいイスであっても、クライアントにとっての新しいイス、必要なイスであるかは分かりません。どんなに新しいイスだとしても、クライアントの要望と合っていなければ、そのプロダクトは意味がないのです。つまり、まずクライアントに「共感」するところから、デザインを始めるべきなのです。

さてこの考え方は、ワークショップにおいて、二つの点で応用することができると考えます。まずワークショップをデザインすることにおいて。どのような参加者なのか、どのような問題点や興味を持っているのかを予めヒアリングして、相手に共感することからプログラムづくりを行います。こちらも初心者のファシリテーターの場合、参加者への共感なしに「どんなゲームをやろうか」「どんなゲームが盛り上げるだろうか」という「内容」に注目しがちです。これだと参加者の要望を無視することになるので、現場に行ったときに、参加者の求めているものと違う内容をやってしまうことにもなりかねません。

もう一つの点において「共感」が必要だと考えます。それはワークショップの最中です。ファシリテーターはある程度のプログラムを立って、内容を考えておきます。しかし当日の参加者の様子をみながら、内容を変えたり、スピードやテンポを変えたりする必要があります。しかもサイドコーチは、参加者の様子に「共感」していないと、的確な言葉がけができません。つまりファシリテーターとして内容を進めていくだけではなく、同時に参加者の立場に立って「共感」していくのです。そうすることで、参加者の今の気持ちをイメージすることができるので、その場に合ったリードをすることができるようになります。わたしはこの作業を、ワークショップ中に頻繁に行います。もちろん一〇〇％参加者の状態を把握することはできませんが、常に「相手は何を必要としているか」という思考が働いているように思います。

「これしかない」と考えるか
「こんなにある」と考えるか

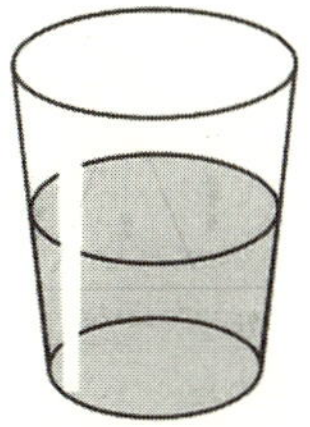

【図6】コップの水は…

（4）好奇心がすべての鍵！

現象に対して「行動」を起こすとき、「やりたい」と思うとき、自然に身体が動く時、その原動力には「好奇心」があるのではないかと考えます。どんなに社会的に価値がある現象でも、自分が「面白い／面白そう」と思えなければ、積極的なアクションには結びつかないのではないでしょうか。

ここにコップの水が入っています【図6】。この水を「もうこれしかない」

と思いますか。それとも「まだこんなにある」と思いますか。どちらでも、水の量は変わりません。しかし次のアクションが変わるのではないかと考えます。「もうこれしかない」と名づけたら、お先真っ暗な気持ちになります。しかし「まだこんなにある」と名づけたら、ちょっとがんばれそうです。このように、同じ現象を、どのような言葉で名づけるかによって、自分の好奇心を創発させることができるのではないでしょうか。

さて、ここに人間のさまざまな「性格」があります。一見すると、ネガティブに思えますね。この「性格」を、みなさんはどのように名づけることによって、ポジティブなものに変えることができるでしょうか。

［例］肯定的に見る

・頑固　→こだわりがある
・よく泣く　→感性が豊か
・すぐ文句を言う　→細かい所に気づく
・落ち着きがない　→好奇心が豊か
・いじわる　→実は寂しがりや？
・恐い顔をしている　→トイレでだじゃれを考えているかも？

■好奇心を刺激するエクササイズの作り方

［解説］エクササイズは、ちょっとした要素を加えるだけで、好奇心を刺激するものとなります。〈自己紹介〉のエクササイズ（156ページ）で紹介したように、ただ単に「自己紹介をしてください」と言うよりも、「三つ話をして一つは嘘」とルールを付け加えるだけで、たちまち興味深いものになります。「嘘を見破ろう！」と思うために、集中して相手の話を聞くようになります。このように、ちょっとした「ゲーム感覚」を入れるのです。

■エクササイズ例１「三つの単語」

【準備】名刺大の紙に、三つの関連性のない単語を書いて、二つ折りにしておきます。

【やり方】三人組で行います。Aさん、Bさん、Cさんを決めます。Aさんは単語の書かれた紙をもらい。合図とともに、話をします。その話に三つの単語を、自然に盛り込まなくてはなりません。Bさんとcさんは、どの単語が書かれた三つかを当てます。Aさんはバレないように、自然に話に単語を組み込まなくてはなりません。考える時間はありませんので、話しながら考えるということになります。時間はだいたい一分三十秒ぐらいです。話が終わったら、BさんとCさんがどの単語だと思うかをまず話して、その後答え合わせをし、しゃべっていた過程でどんな気持ちがしたか、どのようにストーリーを作っていったかという表現プロセスを話します。

▼バリエーション　全員が、関連性のない三つの単語を書きます。Aさんは自分の紙を、Bさんに渡します。Bさんは話します。Cさんは単語をあてます。Aさんは自分が書いた単語が、どのように使われるかというプロセスを見ることができます。

(5) ビデオゲームから学ぶ

いま子どもたちを一番ひきつけるアイテムといえば、残念ながらワークショップというよりも、「ビデオゲーム」なのではないかと思います。子ども対象のワークショップの始まりに「いつも家でやっていることは何?」と聞くと、大抵「ゲーム!」という声が響きます。最近の子どもから「鬼ごっこ!」「かくれんぼ!」という言葉を聞くことはほとんどなくなりました。ビデオゲームに対しては、依存性や視力低下など悪いイメージを持つ方も多いと思います。確かにコントローラーを握りしめて、スクリーンに釘付けになり、隣にいる友だちとすら口も聞かない子どもを見ると、ぎょっとすることもあります。しかしともあれ、子どもたちが(大人たちも)ゲームに夢中になるには理由があるはずです。そしてその理由を、ワークショップで応用すれば、子どもたちはもっとワークショップに夢中になってくれるのではないでしょうか。

さて科学者たちは「なぜ、こんなにも人がビデオゲームに夢中になるのか」という点について調査をはじめました。これはビデオゲームそのものを調べるだけではなく、ゲームをやっている時の人間の心理について定量的に調べ、その「夢中になる要素」を抽出するのです。そしてその要素を別分野に流用し、社会に役立てようとしているのです。ジャーナリストのトム・チャットフィールドはさまざまな研究の中から、七つの要素を上げています。

1 体験プロセスが数値化できること
2 明確な目的があること
3 努力への報酬（金銭である必要はない）があること
4 素早く明確なフィードバックがあること
5 報酬が不確実であること
6 意識を高めることができること
7 他者がいること

私は、これらの要素をワークショップに組み込めないだろうかと考えました。

1 経験プロセスが数値化できること

ゲームでは、得たポイントがすぐに分かるようになっています。数値化していなくても可視化できれば、自分がやったことを自覚できるのです。ワークショップでやっていることを数値化するのは難しいかもしれませんが、体験を「プロセス」として捉え、参加者が実感できるようにすることは大事であると考えます。つまり「自分はこれだけできるようになった」という成果プロセスが、自覚できるように促すのです。

このために、私は二つのことを心がけています。まずエクササイズごとにかならず「フィードバック（リフレクションとも言う）」の時間を設けるようにします。

もうひとつが、ワークショップで行うエクササイズのデザインの工夫です。もしかしたらワークショップとは、エクササイズが並んでいるものと考えているファシリテーターも多いのではいかと思います。たとえば、ひとつのエクササイズをやって、終わると「はい、良かったですね。次のエクササイズはこれです」と次々エクササイズをやっていくのです。この進め方だと、参加者は「出てくるエクササイズをこなす」という受け身の姿勢になりがちです。また自分が学んだプロセスや、それぞれのエクササイズの繋がりが見えづらいために、「楽しいけれど、楽しいだけで、何をやっているか分からない」という気持ちが出てきます。むしろエクササイズは次々に新しいものをやるのではなく、一つのエクササイズをもとにして、少しずつ要素をふやして難易度を上げたほうが、学びを生み出せることが分かってきました。このテーマについては、次項「(6) ワークショップのデザイン―エクササイズの並べ方」で詳しく述べます。

2 明確な目的があること

ゲームでは目的が明確にあります。「ここまでやること」というタスクがはっきりしています。ワークショップでも、それぞれのエクササイズを行うとき、「エクササイズのゴール」を明確に設定することが大事です。ワークショップ全体の目的とリンクしていることですが、たとえばワンワードを「即興性を養う」という観点から行う場合、「あまり考えないで、相手の言葉に続けて、ぽんぽん出せることがゴールです」といい、「チームワークを養う」のが目的の場合は「一貫性のあるストーリーになるのがゴールです」などと言います。あえて目的を言わないで始めることもありますが、最近は参加者の方々のモチベーションを上げるためにも、ゴール設定を明確にすることは有効ではないかと感じます。

3 努力への報酬があること

人は必ずしも金銭の報酬がモチベーションになるとは限らないと科学者は言います。ビデオゲーム内の仮想現実だけでしか通用しない通貨が、高額な現実の通貨で売却されたりしているそうです。また、なぜツィッターやFacebookなどSNSが人気なのかというと、そこには「いいね！」という報酬があるからだと言われています。このように報酬は、相手からのポジティブなリアクションでもいいのです。

ワークショップでは、ファシリテーターが笑顔で参加者を受容することや、別の参加者からのポジティブな反応が、大きな報酬になるのではないかと思います。逆にやったことに対しての反応がないと、参加者としては「やっても報われない」と感じるのではないでしょうか。

4 素早く明確なフィードバックがあること

私はこれをクリックリスポンスと言っています。素早い反応のことです。

本著の第1章でレポートしたワークショップの様子をご覧いただくとお分かりのように、わたしはひとつのエクササイズがスタートしたら、すぐにリアクションをします。「そうそう！」とか「いいね〜！」とか、シンプルな声かけです。リスポンスに重い内容は必要ありません。詳しいアドバイスなどは、後でゆっくりすればいいのです。ここではとにかくすぐに「反応してあげること」が大事です。このテーマについては、「(9) アクションだけでなく「リアクション」」で詳しく述べます。

5 報酬が不確実であること

これは報酬が貰えるか／貰えないかが分からない状態であることを指します。ゲームでは、ボーナスポイントのようなものがあり、それが貰えるか／貰えないかは、そのときの運なのです。このスリル感がゲームを面白くします。

この点は即興演劇のワークショップの持ち味が活かせると思います。演劇はいわば仮想空間であり、加えて即興でストーリーを作る場合は何が起こるか分かりません。自分たちが想像した分だけ、世界を広げることができますし、また自分では世界を確実に築いたと思っても、次の瞬間に仲間のアイデアによって、別の方向に変化してしまうということは多々あることです。つまり、空想の世界には「確実」なものはなく、常に「不確実」であると言えます。「不確実」だからこそ、それを明確なものにするために、具体的なイメージを持ったり、自分のイメージを相手に伝えたり、相手のイメージを受け取ろうとしたりします。このスリル感のある「やり取り」をデザインすることで、参加者に楽しみを提供することができるのです。

6 意識を高めることができること

最近の調査で、ゲーマー（ゲームをする人のこと）は一般人より「注意力」に優れているという結果がでました（ただしすべてのゲームに言えるわけではないようです）。これは仮想空間で集中してゲームをすることで、注意力が身についたといえます。これは即興をやっている人たちに対しても、もしかしたら言えることなのかもしれません。すぐれた即興パフォーマーは、小さな相手の変化を見逃さずに、オファーとして受け取り、そこからアイデアを広げることができます。つねに「今にいる」状態でいるため、そのような力が身についたのではないかと思います。つまりゲームでもインプロでも、同じように意識を高めることができるかもしれないのです。

7 他者がいること

「ゲームはひとりでやるもの」と思っていましたが、実際はそうでもないそうです。人気のあるビデオゲームでは、問題（モンスターとか）を集団でなくては解決できないという設定にしてあるそうで、これが大きな人気の一つだと言われています。ゲーマーは「集団で行う」という要素によって、他者から刺激をうけ、他者と協力することを楽しむのだそうです。

この要素は、ワークショップでも取り入れることができるでしょう。できるだけ他者と関わりがもてるように、組み替え、相手替えをして、インタラクティブの要素を増やすのです。ファシリテーターの一方的な「他者」より、参加者同士のインタラクティブをデザインするほうが、インパクトがあります。チームワークを築くエクササイズを、ワークショップの最初のほうでおこなうのも効果的です。

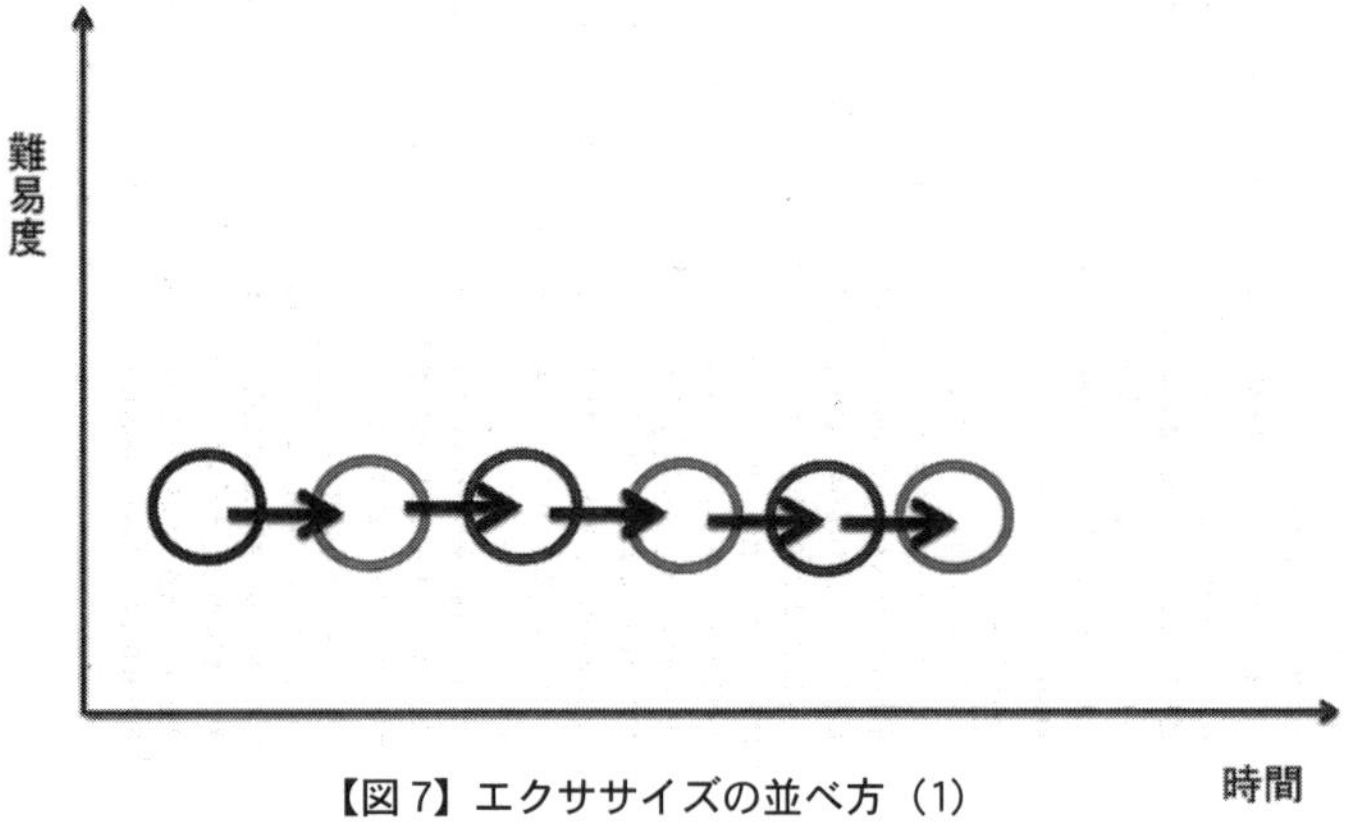

【図7】エクササイズの並べ方（1）

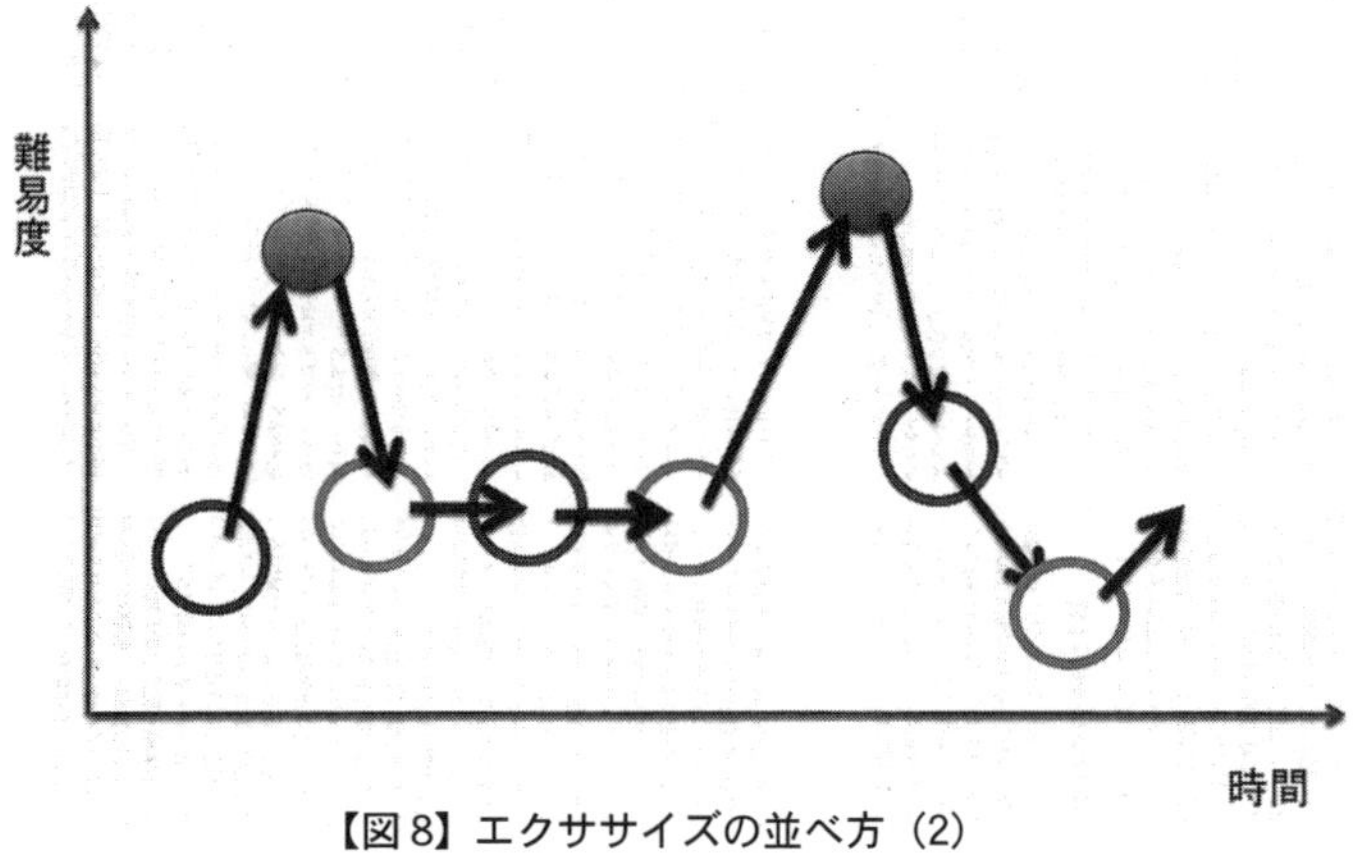

【図8】エクササイズの並べ方（2）

（6）ワークショップのデザイン―エクササイズの並べ方

ワークショップをデザインするときに「エクササイズをどう並べるか」は大事な観点です。初心者のファシリテーターに話を伺うと、この点に大いに頭を悩ましているようです。もちろんエクササイズを並べれば、それでワークショップのプログラムが成立するわけではありません。最近のワークショップ研究では、ワークショップのデザインは単純でシステマティックなものではなく、ファシリテーターがさまざまな思考を駆使しながら行う作業だということが明らかになってきました。しかしここでは、ワークショップで参加者のやる気を引き出すために「どのようにエクササイズを並べたらいいか」という点から、まとめて見たいと思

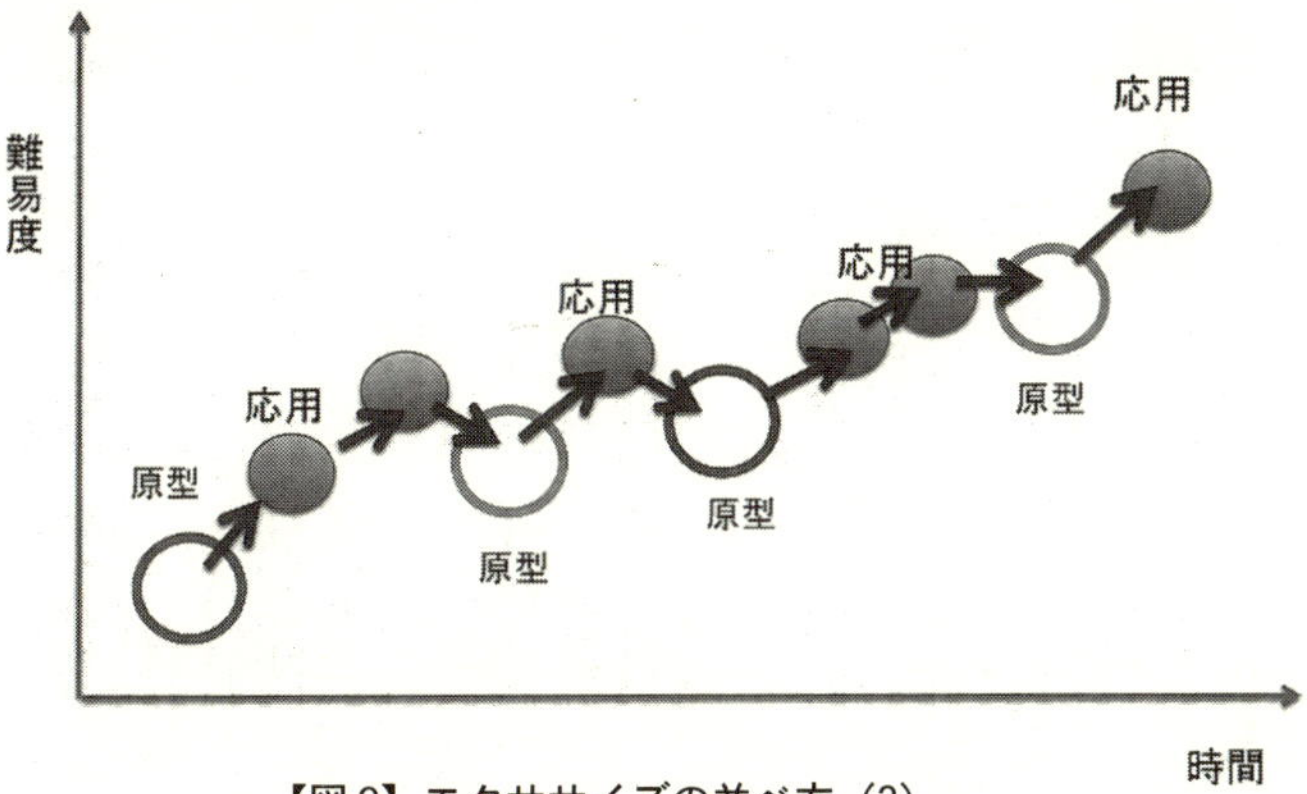

【図9】エクササイズの並べ方（3）

います。

まず初心者ファシリテーターがよく作成しがちな、エクササイズの並べ方とはこのようなものではないでしょうか。【図7】ここでは、ひとつひとつの独立したエクササイズを、次々に並べています。まるでレゴブロックを横並びにしているようです。このような並べ方だと、ひとつのエクササイズをやって、終わって、次のエクササイズをやって、終わってと、まるで「懐石料理」のように、ファシリテーターからエクササイズが出てくる感じです。この提示の仕方だと、参加者は「終わったら次のエクササイズがくる」と学習していきますので、関わりが「受け身」になっていきます。出てくるエクササイズを待つような胎動です。しかも「懐石料理」のように、エクササイズのバランスがバラエティに富んでいるものなら飽きずにできそうですが、エクササイズのバラエティが似たものやバラバラなものが並んだり、難易度がバラバラだったりすると、参加者は混乱してしまいます。【図8】

では理想的なエクササイズの並び方は、どのようなものなのでしょうか。まずエクササイズは、目的に向かってストーリーで繋がっていることが大事だと考えます。それぞれのエクササイズは、バラバラではなく、基本があり、そこから少しずつ要素を足して難易度を上げていくこと。そして新しいテーマに移るときは、その前のエクササイズをやったことで見つかった「問題点」を解決するためという理由づけをしっかりして、少し簡単な基本を行うことです。【図9】

問題意識を持ちながらエクササイズを進めて、難易度が段々上がっていき、

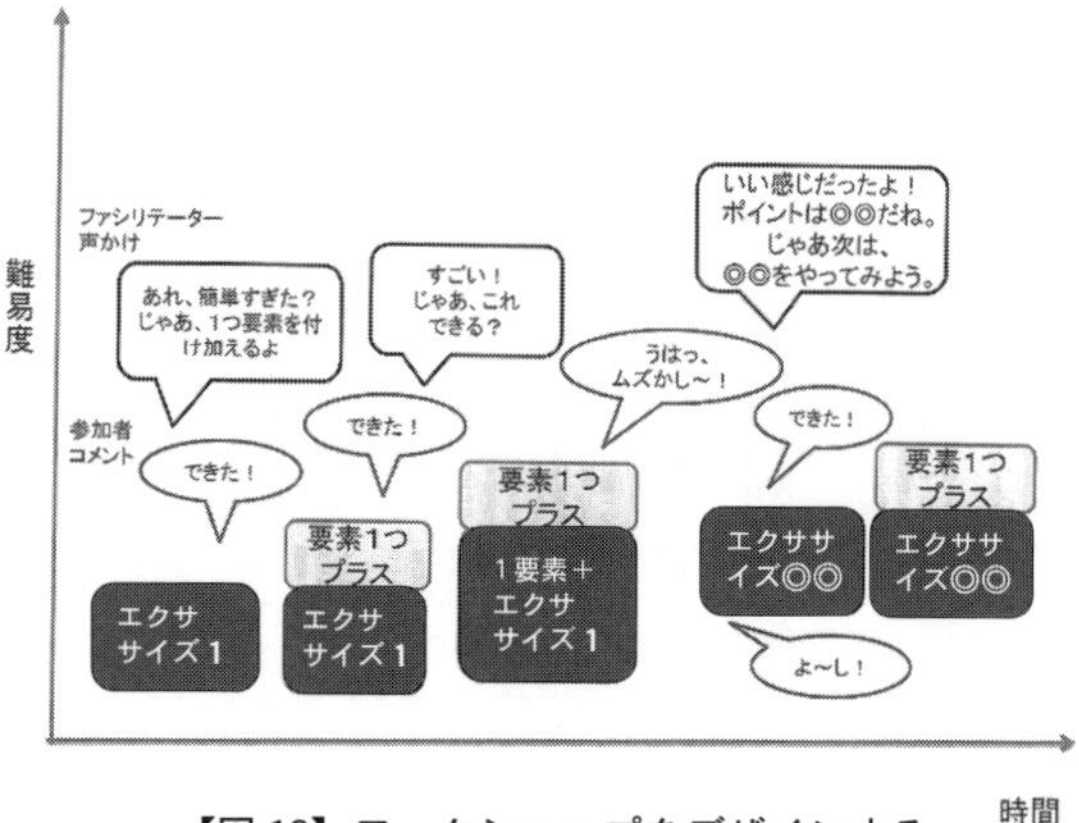

【図10】ワークショップをデザインする

最終的には「こんなことまで、できるようになった！」という所まで到達するのが目標です。もしかしたら、ストーリーの基本的構成要素である「起承転結」などを参考にして、ワークショップ全体をデザインするのも面白いのではないかと思います【図10】。わたしのワークショップでは、最終的にはプチ発表をするようにしています。参加者同士が見合う程度の発表ですが、「見られる」ということで、参加者にとっては大きな刺激がありますし、今まで学んできたことを総合的に試すチャンスでもあり、また最後の「盛り上がり」だとも言えます。

　もちろん、参加者の様子によって、難易度は上げたり下げたりする必要がありますので、必ずしも予定通りにはできないものです。しかし、単発のエクササイズを一つひとつやるのではなく、それぞれのエクササイズに「繋がり」があることを意識して進めると、参加者はそのストーリーをだんだん感じとれるようにもなります。

(7) エクササイズを再考する

　上記で、エクササイズをどのように構成したらいいかを述べました。そのためにはエクササイズがもつ特徴を知る必要があります。インプロにはさまざまなエクササイズがあり、ワークショップを構成するためには、ワークショップの目的に適したものを、難易度を考慮して、プログラムしなくてはなりません。対象人数／対象年齢によっても変わりますし、せっかく考えたプログラムも、現場に行ってみたらまったく相応しくないため、変えなくてはならなくなったということも往々にしてあるものです。

さて、わたしはたくさんあるエクササイズには、相違点があることに気がつき、『インプロゲーム』という本で整理しました。これに加えて最近は、もう少しミクロなレベルで、エクササイズを分類する作業を行っています。

まず気がついたのは、エクササイズには「原型」のようなものがあり、そこに少しずつ要素が加わって難易度が高くなっていくことです。たとえば、鬼ごっこは「オニが一人。他は逃げる。オニにタッチしたら、タッチされた人がオニになる」という原型があります。そこに「逃げる一人が手を肩にのせ合うポーズをしたらセーフ」というルールを加えると、「お助けオニ」になります。原型に「オニは〝色〟や〝形〟をコールする。コールされた〝色〟や〝形〟を触れば、セーフ」という要素をつけ加えると「色オニ」「形オニ」になります。さらに「オニは〝色〟や〝形〟をコールする。加えて、触る身体部分を指定する。たとえば〝指〟とか〝お尻〟とか。指定された部位で課題を触る」という要素を加えると、さらに難易度が高まります。もちろん、ここにHowを変更することも可能です。たとえば、スキップで行うとか、片足で飛びながら逃げるとか。

1 「原型」
2 「原型」＋「セーフのルール」(相手を助ける)
3 「原型」＋「セーフのルール」(色や形を触る)
4 「原型」＋「セーフのルール」(色や形を触る)＋(決められた部位で触る)
5 「原型」＋「セーフのルール」(色や形を触る)＋(決められた部位で触る)＋(逃げるスピードに制約がある)

さらに面白いのは、たった一つ要素を付け加えるだけで、「意図がまったく変わる」ということです。1の目的は、捕まらないように逃げる／捕まえるが目的です。しかし2では、逃げる者同士が「助ける」ことが目的となります。1では、ただ自分が逃げることだけを考えていましたが、2の場合は、相手を助けるという思考に変化するのです。3では、外界にあるものに敏感になります。4のように決められた部位で触ることで、普段使わない身体を使うことになりますし、仲間同士の身体接触も自然に起こります。５の場合は、劇的な空間の変容を体験できるかもしれません。大事な点は「たった一つの要素によって、エクササイズの意味は一八〇度変わってしまう」ということです。ファシリテーターは、それぞれのエクササイズの意図を理解して、効果的に使う必要があります。

（８）ミス・コミュニケーションでもいいじゃないか！

両手を合わせて軽くこすると、手が暖かくなります。これは右手のおかげでしょうか、それとも左手のおかげでしょうか。コミュニケーションを考えるとき、私はいつもこのイメージを思い浮かべます。両手が合わさらないと成立しない。片手では成立しない。コミュニケーションも自分だけでは成立せず、相手がいるからこそ成立することなのではないでしょうか。「コミュニケーション・スキルが上がる／下がる」という観点において、なんとなくの違和感を感じるのは、上記の理由です。つまり一人では成り立たないコミュニケーションにおいて、そのスキルが個人に依存しているのは、とても不思議です。自分のスキルさえ上がれば、それで良好なコミュニケーションができるということであり、自分のスキルが低ければ、良好なコミュニケーションができないということでしょうか。

さてもう一つコミュニケーションについて持つ違和感は「伝わらなければいけない」という暗黙の風習です。つまり「伝えることがヘタ」＝「コミュニケーション能力がない」とか「あいつは何を言いたいのか分からない」＝「コミュニケーション能力が低い」などの評価です。この定義だと、伝わったものだけがコミュニケーションであり、それ以外の伝わらなかった、つまりミス・コミュニケーションはコミュニケーションではないという位置づけになります**【図11】**。

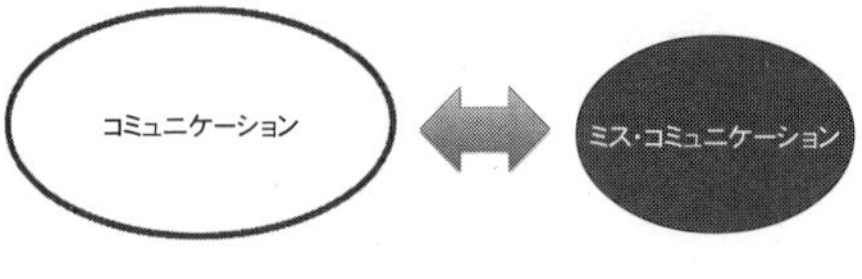

【図 11】コミュニケーションとミス・コミュニケーションは別物？

たとえば、日常生活では、このような会話もあり得ます。これらはコミュニケーションと

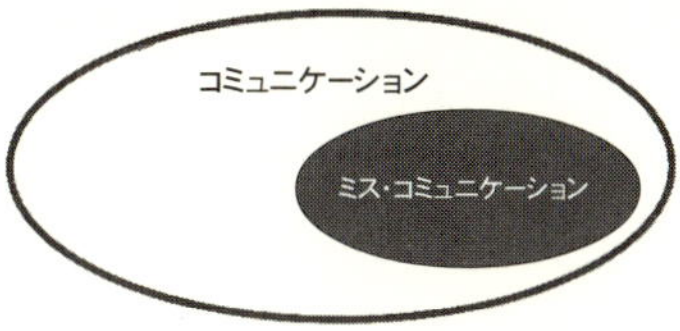

【図 12】ミス・コミュニケーションは
コミュニケーションの一部

は言えないのでしょうか？

Aさん　このA資料をまとめておいてね。

Bさん　分かりました。このA´資料ですね。（日にちが間違っているとか）

Aさん　このA資料をまとめておいてね。

Bさん　分かりました！　任せてください、B資料ですね！

しかし本当にそれでいいのでしょうか。伝えようとしても、間違って伝わってしまうことは日常でもよくあることです。そういう物事を、コミュニケーションではないと言いきれるでしょうか。わたしは「ミス・コミュニケーション」もコミュニケーションなのではと考えます。つまり「ミス・コミュニケーション」も「コミュニケーション」の一部だと捉えるのです【図12】。

たとえばインプロのエクササイズで、「アーティスト・粘土・モデル」というものがあります。

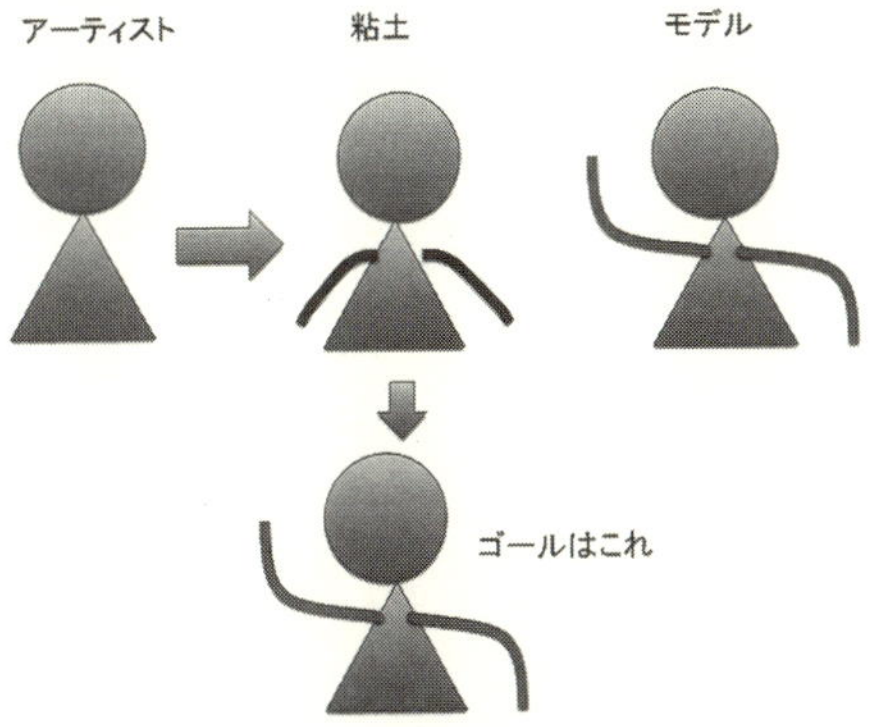

【図 13】アーティスト・粘土・モデル

■エクササイズ「アーティスト・粘土・モデル」

【やり方】３人で行います。アーティスト、粘土、モデルという役割を決めます。目的は、アーティスト役が、モデルのポーズを見て、それと同じポーズを粘土役にしてもらうことです。【図13】

▼バリエーション1　アーティストは粘土を触って、ポーズをつくります。

▼バリエーション2　アーティストは粘土に触らないで、言葉で指示して、ポーズにさせます。
▼バリエーション3　アーティストは粘土に触らないで、言葉も使わないで、ポーズにさせます。人形の「操り師」のように、粘土を誘導します。

このエクササイズをやると（特にバリエーション3）「いかに伝わらないか」がよく分かります。アーティスト役が「右」と伝えようとしても、粘土役はモデルが見えないので、アーティストの指示を「左」と受け取る可能性もあるのです。粘土役の立場になれば、この誤解は当たり前のことです。つまり、ミス・コミュニケーションがあっても仕方ないことなのです。このように「ミス・コミュニケーションもコミュニケーションのうち」と考えると、伝わらないことに寛容になれるのではないでしょうか。逆に、コミュニケーションは正確に伝えなくてはならない。伝わらなかったらダメという考え方だと、伝わらなかった時にがっかりしてしまいます。これは相手への伝え方に過敏になり過ぎているのではないでしょうか。

人間関係でも「絶対伝わるはず」と思い込んでいるために、誤解が生じるのであって、最初から「伝わらないこともある」と思っていれば、気が楽になるのではないでしょうか。そして伝わらない時に「どうやれば伝わるかを工夫する」ことが大事です。そこに、コミュニケーションの面白さがあり、クリエイティブな作業があるからです。「伝わらない」人にどう伝えたらいいか。もしかしたら「伝わらない」が分かったところから、コミュニケーションは面白くなるのかもしれません。

(9) アクションだけでなく「リアクション」

ワークショップは対象者によって、内容が大きく変わります。特に対象者が大人の場合と子どもの場合では、さまざまな点で異なる点が出てくると考えられます。たとえば大人が対象であれば、ファシリテーターが初心者でも、参加者がある程度「大人の事情」を理解して、話を聞いてくれるかもしれません。しかし対象が子どもだとそうはいきません。つまらなければ「つまらな～い！」と正直に（しかも堂々と）言ったり、具体的に話を聞いてくれなかったり、参加してくれなかったりということもあります。人によっては「子ども対象のワークショップはニガテ。子どもは正直だから難しい」というファシリテーターもおられるかもしれません。確かに子どものやる気を引き出すのは、簡単なことではないように感じます。しかし、ちょっとした大人の反応で、彼らのモチベーションがぐんと上がることもあるのです。

ここでは、わたしが出会った二つのエピソードを紹介します。子どものやる気を引き出す、見事なリアクションをした二人の先生の姿です。

エピソード1は、D先生が、小学校に「劇あそび講座」に行った時のこと。D先生は、「今日は、教室で〝無重力〟を遊ぶよ～！　この教室が〝無重力〟になっちゃうんだよ」と言うと、ある男の子（Sくん）が、こう言いました。「無重力なんて、あるわけないじゃん」。いかにも生意気な子が言いそうなことですね（苦笑）。この生意気なSくんに対して、D先生はどのようにリアクションしたのでしょうか。

D先生はこう言いました。「そうでしょ？　そうなんだよ～！　君が言っているみたいに〝無重力なんてない〟って言って、手を抜く子がいるんだよ～。だから君にお願いしていい？　誰かが手を抜いたら、すぐに見つけて教えて欲しいんだ。これは特別な役目だよ」。そしてSくんに特別の席を用意してあげました。Sくんはやる気マンマン。講座中にずっと集中して、楽しんでいるようでした。

エピソード2は、わたしがF先生の授業を見学に行ったときのこと。そのときの授業は、秋に催される発表会に向けて、クラス全員で「何をやるか」を考えることでした。いろいろなアイデアが活発に出て、一時は「まとまらないかな」と思ったのですが、何とか最終的に「劇をやる」ということが決まりました。この結果に対して、みんな平均して「満足」している様子でした。F先生が言いました。「みんな、決まって良かったね。劇の発表が楽しみだね！」子どもたち「は～い！」。しかし、ひとりの男の子（Kくん）の声が響き渡りました。「ぜんぜん、楽しみじゃな～い」。教室は「シーン」しらけムードです。そこでF先生がどのようなリアクションをしたでしょうか。

F先生はこう言いました。「そっかぁ～Kくんは楽しみじゃないのかぁ～。みんな、Kくんは楽しみじゃないんだって。じゃあ、この秋の発表が終わったら、Kくんが〝楽しかった、やって良かった!〟って思ってくれるように、みんなでKくんも一緒にがんばっていこうね～」。子どもたちもKくんも「は～い!」と返事をしていました。

この二人の先生のリアクションには、共通点があります。それは子どものネガティブな発言に対して、「イエス・アンド」でリアクションしていることです。このリアクションによって、ネガティブな発言をした子どもが仲間はずれになることもなく、自然に仲間の一員として迎え入れられています。また他の子どもも、このような「やんちゃな」友だちの発言が受け入れられて、きっと気が楽になるのではないでしょうか。

逆に、もしD先生やF先生がこう言ったらどうだったでしょうか。

D先生「無重力なんてあるはずがないだって? 生意気なことを言うな」

F先生「楽しみじゃない? そんな事を言ったら、みんなの気がそがれるじゃないか」

これらは、SくんやKくんの意見を批判/無視して、自分の意見を通そうとするリアクションです。SくんやKくんは黙るかもしれませんし、仲間たちは「ああいう生意気な発言をすると、こういうことになる」と思って、この後、自分が衝動的に思ったことは口にしなくなるかもしれません。このように、先生のちょっとしたリアクションで、どんな子どもでも「この場に居ていいんだよ」というメッセージを伝えられるか、その反対になるかが決まります。多様性を認めるという意味では、相手の発言を「イエス・アンド」していきながら、どんな人でも認められ、グループの一員でいられるのだと感じられる教室のほうがいいのは間違いありません。本当にちょっとしたリアクションを工夫するのです。

インプロと創造性

心理学者のキース・ソイヤーはシカゴの即興演劇を研究しました。彼はインプロを「創造性がその場で生まれてくる媒体」と表現しています。ワークショップは「学ぶ」ことと「創造」することであるとすれば、インプロは創造が生まれる媒体として、ワークショップに相応しい題材であると考えられます。しかし、現在日本で行われているインプロのワークショップでは、さまざまな問題があります。ここではワークショップにおける「創造性」に着目し、インプロにまつわる課題について考えたいと思います。

(1) インプロについての誤解〜どうしたらアイデアが出てくるか？

インプロをやったことのない人から、しばしば以下のような言葉を聞きます。

「即興って、頭がいい人がやるものでしょ」

「私はアドリブがニガテなの。面白いことなんて言えない」

これらの言葉は、以下のような考え方から出てくるのではないかと思います。

・即興を行うときは、いいアイデアを出さなくてはならない。
・インプロは、頭が良い人がやること。
・アイデアは「自分から」出さなくてはならない
・アイデアは「面白くなければならない」。
・アイデアを出すとは「考えること」。

私もインプロを始めた当初は、同じように考えていました。しかしインプロをやっていくうちに、これらの考え方は、実際のインプロでの創作方法とは、違うのではないかと感じるようになりました。ここでは、インプロにまつわる誤解について述べたいと思います。

まず「いいアイデアを出さなくてはならない」という考え方は、プレッシャーを自己に生み出すことになり、心身に緊張をもたらすため、逆にアイデアは出づらくなるとキース・ジョンストンから聞いたことがあります。認知科学でも、同じようなことが言われています。気張るのは逆効果なのです。リラックスしていることが大事です。

そしてインプロは頭が良くなくてはできないというのも誤解です。インプロは誰でもできます。むしろ「できない」とネガティブに思ってしまうことが、発想するときのネックになってしまいます。

インプロをやっている人の中には、アイデアは自分で考えて出さなくてはならないと思っている人も少なくありません。しかし「アイデアを考える間」は自分に閉じこもる状態になりますので、逆に瞬間に起こっていることは見逃してしまうことになります。その間にさっきの瞬間は、次の瞬間へと変化していきます。頭にアイデアが浮かんでそれを出す時、それはさっきの瞬間ではありませんので、文脈としてそぐわなくなってしまいます。アイデアはその瞬間にすでにあります。それを「どうキャッチするか」のほうが大事です。

アイデアは面白くなければならない」と思っている人も少なくないですね。

特に関西の人たちは「面白くしたい」という気持ちが強いようにも感じます（話には必ず〝オチ〟をつけるとか）。それは悪いことではないと思います。しかしそれがプレッシャーになると逆効果であることは先に述べました。また面白くしようとするよりも、限りなく「自分の本音」を表現できるようになることが大事だと思います。なぜなら「自分の本音」こそが、誰にも真似できないオリジナルだからです。例えば、すばらしい芸術家は、自分の内面を見つめ、自分の奥底にあるものを表現しようとします。だからこそ「オリジナル」なのです。私たちも表面的な「面白さ」や「ユニークさ」を追求するのではなく、自分の奥底にある「本質」を捉えることができたら、唯一無二の存在になれるのではないでしょうか。

アイデアは考えないと出て来ないと思っている人も、多く見受けられます。しかし「考える行為」を認識する状態は、本当に考えていることにはおそらくなりません。「考えている」と「考えている」わけです。むしろアイデアは、無になったとき、身体がリラックスしている時にひらめくと言われています。つまり自分で「考える」ことを手放したときに、頭がかってに「アイデアをもってきてくれる」のです。そもそも「考える」そのものをコントロールすることは難しいです。だって眠っているときも、人間は考えているのですから。意識的に「考えよう」としなくても、アイデアは勝手に出てきます。あなたが、その場／瞬間に感覚を開いてさえいれば。もし面白い／オリジナルのアイデアを思いつきたかったらむしろ「考える」を手放して、「今ここにいること」が大事なのかもしれません。なぜなら、アイデアは外界（相手、事柄、空間）にあるからです。それを「いかにキャッチするか」そのためには頭の中から出て、「今の瞬間」にいることが大事なのです。

(2)「ひらめき」の神話

ダーウィンの「進化論」によると、人間は「道具」を使うことによって生活を便利にし、文化をつくりだし、発展してきた動物です。そして、「道具を作る」という力は「創造力」です。つまり、人間として生まれてきたとしたら、すでにあなたのＤＮＡには「創造する力」がプログラムされているはずです。

つまり、どんな人にも「創造する力」はあるのです。問題は、「どうすれば、力を発揮できるか」という点だと思います。せっかく「創造力」を持っていても、使っていなかったら、宝の持ち腐れです。ではどうしたら自分の創造力を使うことができるのでしょうか。

まず一番大事なのは、あなたが心の底から「創造力は大事だ」と思えること。

一般論や常識の範囲で「大事だ」と言うのではなく、本当の重要性を認識することです。ジョフ・コルヴァンは著書『究極の鍛錬～天才はこうしてつくられる』の中で、組織のイノベーションに関してこう述べています。

〝イノベーションをもっと起こしたいと考えている組織は、どんなイノベーションがもっとも価値があるか、従業員にはっきり伝えることだ〟つまり〝意図的に革新的であろうとすることで、創造力も生まれてくる〟のです。

二つ目は、自由な時間を持つこと。たとえば、日本に帰ってきて違和感を感じるのは、人間の行動に対する「指示が多い」こと。「こうしなさい／ああしなさい」が街中にあふれています。エスカレーターに乗ると、「ベルトにお捕まりください」。トイレに入ると「ボタンを押してください。手を洗ってください」。子どもは親の指示に従って、親は社会の指示に従って。全体が指示に従っている。車が走っていなくても、赤信号になったら、みんながじっと待っている。もちろん、それが悪い事だとは思いません。ただどんなことも「過剰」だと、逆の物事が「抑圧」されてしまうのでは？　3M《スリーエム》社やグーグル社のように、イノベーションを起きている企業では、「自由に使っていい」時間が仕事の一〇～二〇％ほど与えられていて、自分がやりたいプロジェクトを立ち上げることができるのだそうです。それがイノベーションを促進していると、科学者は述べます。

三つめに、「ひらめきは、日ごろの〝鍛錬〟からやってくる」ということです。つまり、何もない身体に「ひらめき」はない。積み重ねられた知識があって、はじめて「ひらめき」がやってくるというのです。天才と言われた人たちの成長プロセスを研究した科学者たちがいます。カーネギーメロン大学のジョン・ヘイズ教授、テンプル大学のロバート・ワイズバーグ教授、ハーバード大学のハワード・ガードナー教授らです。彼らの研究から、「誰でも天才になりうる」ということが判明してきました。そして、天才が結果を出した理由は、膨大な時間を費やした膨大な鍛錬だというのです。

鍛錬とは、たとえば芸術家やスポーツ選手なら練習時間です。しかも「ただ練習する」ではなく、渾身に積み上げることによって「だれにも真似できないような創造性が発揮される」のだそうです。つまり、ただ漠然と「ひらめく」ことはなく、「ひらめくため」には、さまざまな知識が必要なのです。この不思議な力については、認知科学者たちが日々研究を続けています。これからもっともっと、この力の姿は明らかになっていくのではないでしょうか。

【参考資料】 ジョフ・コルヴァン『究極の鍛錬—天才はこうしてつくられる』米田隆訳、サンマーク出版、二〇一〇年

(3) 二つの創造性

ここまでで「表現を創造する」プロセスにまつわる問題点を述べてきました。ここから表現と創造性について、さらに深く考えてみたいと思います。まずは表現についてです。

表現には、二つの目的があるように思います。ひとつは「自分のため」。もうひとつは「他者のため」。そして「他者のため」に表現をし、それによって生活している人を「プロフェッショナル」と呼ぶのだと思います。しかし「誰もがプロフェッショナルになれる」わけではありませんし、「プロフェッショナルでなくては表現してはいけない」というわけでもないでしょう。つまり表現行為には「二つの道がある」と考えることができるのではないでしょうか。

さて「表現」にも関わる「創造性」について見てみましょう。ここにも二つの分類があります。ひとつは一般人の創造性（Psychological Creativity）です。これはすべての人が持っている創造性のことです。ふたつめは、歴史に残る創造性（Historical creativity）です。文字通り、歴史に残るような創造性です。つまり「創造性」と一言で言っても、そこには、さまざまな位相があるのです。

ではさらに「創造的な人間」について考えてみましょう。ここにも二種類の分類をすることができます。ひとつは創造的熟達者です。これは創造や表現のエキスパートのこと。何十年にもわたって、創造や表現活動に携わり、創造の知

識や技術を身につけて創造活動を続けている人のことです。二つ目は創造的教養人です。これは創造や表現を楽しむ普通の人々のこと。創造活動を専門としているわけではありませんが、芸術文化を享受消費するだけではなく、創造活動について最低限理解し、新しいものを生み出す活動に、何らかのかたちで参与する市民のこと。このように二つの種類に分類できるのであれば、それぞれがそれぞれの「目的」に到達できるように教育を施していくことが必要です。たとえば熟達者になるのが目的の人と、ただ楽しむことが目的の人とは、その教育も変わるべきだと思うのです。

しかし、この二つは混同されがちです。たとえば「ただ楽しみたい」人に、不必要な指導を与えたり、熟達すべき人に、足りない指導方法しかなかったり。そうなると目的が達成されるのは困難になります。それぞれが、それぞれの目的を達成し、それぞれの「楽しみ」を享受するためには、自分がどの種類に属するのかということを、客観的に知っておくことです。人間はすべてにおいて「熟達者」になれるわけではなく、むしろ、そうなる必要はなく、ある点で「熟達者」であり、ある点で「教養人」でいいのですから。ワークショップの文脈上で大事なのは、おこなうワークショップがどのような人たちを対象としているかを見極めて、適切な内容を提供することです。

(4) ストーリーの重要性

即興で演劇を創造する場合、「ストーリーが大事だ」とよく言われます。なぜ「ストーリー」が大事なのでしょうか。ロバート・ニーメイヤーは「人間には、生まれながらにして、どんな経験にも〝ストーリー性〟を求める習性があり、人間が起承転結のあるストーリーを構成しようとする」といっています。たとえば、「あなたはどんな人物ですか」という質問があったとき、人間は「東京で生まれて、子どもの頃に小田原に引っ越しまして、大学では演劇を学び、現在は大学で教えています」といったように、時間の流れに沿って、筋のある説明をしようとします。「あなたは昨日なにをしましたか」という質問に対しては、「朝七時半に起床し、会社に行き、打ち合わせをして」などとやはり時間軸の流れと筋のある話をするでしょう。もちろん、何かを説明するときは、ストーリーのない答え方もあると思います。しかしストーリー性のある説明／答えというものは、考えてみるとかなり多いのではないでしょうか。このように、人間は、自分を理解するときに、時間軸と筋だてがあります。また自分の外側にあるもの、相手、状況や環境を理解するときにも、ストーリー性が発生します。久々に姪っ子に会うとき、彼女の成長を理解するために、時間の流れで想像するでしょうし、立派なビルを見た時、その工事プロセスを想像するでしょう。つまり人間は自分以外のものを理解しようとするとき、その存在を、時間の流れと物事の変化や筋立てで理解するのです。

さてこのように人間は、ストーリーで物事を理解する傾向があります。お芝居を観るときも同じです。たとえば、舞台の幕が開き、名優が演じる主人公が、苦しい境遇の中で苦労し、絶望しそうになりながらも必死に生きる姿や、そこから成長していく様＝ストーリーを見るからこそ、ラストシーンの涙に感動することができるのです。もし舞台の幕が開き、いきなり名優が泣き出しても、あまりに唐突すぎて、涙する観客はあまりいないのではないでしょうか。このように観客から感動を引き出すためには、ストーリーが必要なのです。

（5）あなたはイマジネーションの源泉

あるワークショップの参加者が、このような発言をされていました。「いつも、人前で表現することを〝恐い〟と感じていました。なぜ〝恐い〟のだろうか。ずっと考えていました。そして今日それが分かりました。私が恐怖を感じる理由は、表現することそのものではなく、表現する内容の善し悪しでもありません。表現するときに〝アイデアがない〟ということが恐かったのです」。

たしかに私も「アイデアなしで舞台に立つなんて考えられない。いいアイデアが出てくるといいな」といつも思っていました。特に講師から「相手を輝かせなさい」とか、「相手にいい時間を与えなさい」などを強要されると、まずそのためのアイデアを考えなくてはいけないのかな、でないとシーンには入れないのかなと勘違いしがちです。私たちは「アイデアがない」ということは「悪いこと」だと考えてしまいます。だから「何かやらなくては」と思います。

自分の頭の中で、「シナリオ」を考え始めます。だから「舞台に立つ前に準備をしたい」と思ってしまいます。「アイデアがないから舞台に立てない」という状態に陥ります。しかしこれは、そもそも「即興をやっている」状態なのでしょうか。頭の中で台本を作って、それを演じているのですから、これって「台本芝居」なのではないか。しかもアイデアなしに舞台に立つのは恐いことと思えば思うほど、緊張が強くなり、さらにアイデアは出てこなくなります。そして恐怖心がやってきます。さらに緊張します。そしてパニック〜！　頭まっ白〜！　ムンクの叫び〜！　という悪循環のスパイラルに入りこんでしまうのです。しかし、アイデアがないことは、本当に悪いことなのでしょうか。日常には、こんな興味深い人々を見ることがあります。

・電車に乗ろうと駆け込んだが、目前でドアが閉まりガクゼンとしている人。
・ディズニーランドのベンチ。子どもの世話でぐったり〜している父親。
・公園で無心にデッサンをしているおじいさん。

みなさんがどう思われるか分かりませんが、私はこういう人たちを観察するのは興味深いと感じます。「どんな気持ちなのかな」「次はどうなるのだろう」と興味がわき、その人に釘付けとなります。しかし彼らは特別に表現しようとしているのではなく、「ただ、そこにいる」だけであり、決して「何かを表現しよう」と思っているわけではありません。つまり存在そのものが興味深いのです。これは舞台上でも同じことです。表現者が明確なアイデアを持っていなくても、その存在は十分に表現に値します。たとえば、あなたがアイデアなしで、舞台上でイスに座るとします。観客は何を想像するでしょうか。

・誰かを待っているのだろうか。
・疲れて座っているのだろうか。
・面接中で緊張しているのだろうか。
・車の中かもしれない。バスの中かもしれない。飛行機の中かもしれない。

あなたにアイデアがあろうとなかろうと、お客さんはあなたが舞台に立った時、その存在に刺激されて「想像」を始めるのです。つまり、あなたはお客さんの「イマジネーションの源泉」なのです。アイデアがあろうと、なかろうと。それが理解できれば、アイデアがなくても安心して舞台にいられます。「アイデアがない」ということでパニックにならないこと。アイデアが浮かばなくても、そのまま舞台にいていいのです。大丈夫です。だって、あなたの存在自体が、何もしなくても、すでにあなたは、イマジネーションをかきたてる存在なのですから

もちろん即興でシーンを創るとき、シーンがどういうものなのかは、いつかは明確にしていかなくてはなりません。しかし、それがすぐにできないからといって慌てないこと。いずれにしても、ある程度の時間が必要なのです。

さて。この辺りのメカニズムについて、昔のインプロ教師たちは注目していませんでした。彼らはどちらかというと「教育」としてのインプロ（応用インプロ）を主に追求していました。しかも日本のインプロは、「ゲーム」だけがその効用を注目され、取り扱われ、「即興」という現象だけが注目されてしまいがちです。しかし本来はそうではありません。インプロは「即興」ではありません。「即興〝劇〟」なのです。つまり、「表現者」と「観客」という関係性があります。これを忘れると、上記のような間違いをおかすことになります。そして私の世代のインプロバイザーは、それを踏まえながらも、「舞台」や「観客」を意識したエンターテイメントとしてのインプロの表現について洞察を始める必要があると考えています。

（5）ファシリテーターの創造性

さて今まで、概要的に「創造性」を見てきました。ここではファシリテーターの創造性について考えてみたいと思います。通常ワークショップの内容は、事前にプランを立てておくものだと考えられています。とくに初心者のファシリテーターにはプランは必要です。「次になにやろうか？」と考えるあまり固まってしまい、参加者のみなさんを不安にさせるのはよくありません。不安な顔を見せてしまったら、場も人も不安になります（ワークの場は「安心」の場であることが大事ですから）。それにワークショップの大事な時間を止めるのはもったいない。だからプランは必要なので

す。そうだとしたら、ワークショップ当日において、ファシリテーターが「今ここで生み出す」という創造はないということになるのでしょうか。ワークショップのプランはあくまでも「防火対策」であり、「補助輪」であり、「日よけ対策」であり、「転ばぬ先の杖」です。ワークショップのプランにしばられ過ぎると、いくつかの弊害があります。まず参加者を含めた「現状」を見逃してしまうことです。「現状」に必要なことを見逃したり、無視したりして、自分のプランを押し通そうすると「合わない入れ歯」と同じで、参加者にとって苦痛な時間となります。逆に「今必要なこと」を、勇気を出してやってみると「あんがい行けるじゃん！」となることも多いです。

さて、経験をつんでファシリテーターも中級になると、現場の状態を見ながら、どんどん創造することができるようになります。こうなるとファシリテートする側も参加する側も、ワークショップの「場」も、クリエイティブになっていきます。考えてみると、「誰かが考えたルールを守る／うまくできるようになる」というレベルでは、結局「やらされている」だけで、自分のクリエイティビティは発揮されたことにはなりません。それでは「車の運転を習う」のと大差はない、のかも。

さて私は大胆なファシリテートに挑戦してみたことがあります。プランを全く立てないで「参加者の状態から、次の展開を〝創造〟」してみたのです。想像するだけでもスリリングですね。どんな流れだったかを簡単にご説明しましょう。ウォーミングアップの段階で、かなり面白いことになっていたのですが、それは割愛して、エクササイズの部分の話をします。「ジブリッシュサークル」からスタート。参加者の「その時に起こったこと」をさらに広げ深めるためのエクササイズを「その場で」つくり試しました。そこから「みんなで見つけた面白さや問題点」をさらに広げ深めるために、新しいエクササイズを「その場」でつくり、試しました。誰かにならったエクササイズは一つもやらず、すべてのエクササイズは「その場」で産まれたもの。つまり、そのエクササイズは今まで誰もやったことがないし、ファシリテーターとしては一回も試したことのないエクササイズでした。つまりそのエクササイズが、「これをやると場が盛り上がる。絶対うけるエクササイズ」なのかどうなのか、それはやってみないと分かりません。もしかしたら、ぜんぜん意味のないものかもしれません。それはやってみないと分からない。結果的には、二時間三〇分のワークショップで、新しいエクササイズが五つできました。一つは、かなり秀逸で、みんなで狂ったように笑いました。ところが、あるエクササイズは、「逆に頭で考えることを促進してしまうね」という感想。皆でディスカッションする中で、今回のテーマにはそぐわないエクササイズだということが分かりました。しかし違う文脈で利用できる可能性も大きく、裏側から「頭の使い方」について皆とシェアーできたのが「知の共有」でした。

このような「プランを立てない」ワークショップは、現実的には非常にリスクが高いです。ワークショップ主催側の立場だったら、決してやりたくない（苦笑）。しかも「もしわたしがアイデアを思いつかず、新しいエクササイズを考えられなかったら、どうするのか？」という不安もあります。これを疑った段階で思考がストップしそうです。

ではなぜ、このようなやり方を試すことができたのか？　それは、参加者の皆さんとの信頼関係だったと思います。みなさんが私を信頼してくださっているのが分かったので、私も思い切った冒険をすることができたのです。こういうワークショップがいつもできるとは限りませんが、どんなワークショップにも、即興的な手法、参加者との関わり方、立ち振る舞いができるようになると、もっとワークショップは面白く、また学びが深くなると思いました。自分よりもっと偉い先生から教えてもらったことをそのまま使うのではなく、ファシリテーターという立場も「創造的である」必要があるように感じるのです。

（6）インプロは正解なき創造世界

インプロを、日本の文脈で理解してもらうのは本当に難しいと思います。「考えないで行動する」というと、「考えてはいけない！」ということを考えてしまい、シーンに入れなくなってしまう。「イエスアンド」が大事だよと教えると、イエスアンドはいつのまにか「絶対守らなくてはならないルール」になってしまって、「イエスアンド」ができていない人を否定してしまう。それは結局イエスアンドになっていないことになります。

インプロのニュアンスを伝えるのは難しい。どうやら長い時間がかかるようです。日本でたくさんの人にインプロを教えてきましたが、一度は誰もが間違って解釈してしまうようです。日本人は、日本の文脈でインプロを理解してしまうようです。インプロの稽古で、先生から言われたことは「そうしなければならないのだ」と思い込んでしまいます。「ねばならない」いうカテゴリーに入れて、それを守ることを目的としてしまいます。

本当は、どうなるか分からないし、正解はひとつではなくいくつもあります。そういう即興創作に「ねばならない」は存在しません。そうなる〝かも〟しれないだけ。

しかし、あるアイデアが表現されたら、逆にそれは動かせない「事実」となります。そして「事実」を無視して見ないふりをするわけにはいきません。そのオファーは、発想の「大前提」となります。この「大前提」につけたすために次の小さなオファーをするのです。次のアイデアは、とっても小さくていいのです。ストーリーのすべてを、この瞬間で考えるなんて無理。どうせ誰かのオファーで変わるのですから、考えるのは無意味です。付け加えるのは、ちょっとでいいのです。インプロに地図はありません。どうなるか誰にも分かりません。ですから心配することも、予想することもムダです。目の前の小さな大前提から、次の小さなアイデアを紡ぎ出す。その連続。そしてそのためのコンパスがイエスアンド。

残念ながら「シーンに入るのが恐い」という人がいます。これはインプロを間違って理解している人の典型的な発言です。本当のインプロは「ま逆」です。シーンに入るのは簡単。ラク。楽しい。考える必要はなく、シーンの空間や起こっていることややっている人がアイデアを教えてくれるのです。いま「インプロは恐い」と思っている人は、アイデアがある／なしの問題ではなく、それ以前の「考え方」が間違っているかもしれません。

それにしても、「怖い」と感じる理由はいくつも考えられます。失敗したくないとか、恥をかきたくないとか、失敗したら人生終わりだとか死んじゃうとか。悪い方向にはどんどん悪く考えられますね。（あなたには想像力があるんです。でも使うところが間違っています。）「できない」と思うことは自分を成長させてくれません。自分をダメにするだけ。自分の可能性を自分で摘んでしまう。これこそ恐ろしい行為です。まず今の自分が、今日なにするか、今なにをするかが大事。そして、それが明日の自分を作ってくれるとよく言われますけれど、それとも似ています。先を考えても怖がっても意味がない！　楽しむのです！

そしてもうひとつ大事なポイントは「自分がどうするか」の判断基準は、「周囲で何が起こっているか」によって、自分が何をするかが決まるということ。周囲とは、舞台でシーンをすでに始めている仲間のことです。だからこそ、まずそこに覚醒して（ぱっちり目覚めて）存在していること――五感を開いて、感覚の手のひらを開いて、状況を吸収し感じていることが必要となります。アイデアは自分の頭の中にはありません。目の前にあります。気がついていないかもしれませんが。ちなみに、ここでいう「分からない」は悪い意味ではありません。未知の世界にワクワクする感じ。遊びごころがある。ただ、日本語では「分からない」＝「良くないこと」と言葉に悪いイメージがべったりくっついているので、「分からない」自分に罪悪感を持っている人もいるかもしれません。何度も言いますが「分からない」は悪いことではありません。「悪いこと」と思ってしまうのは「幻想です」。これらも日本語特有のニュアンスの問題です。自分の創造性をダメにすることになるので辞めること。これと同じように英語にもニュアンスがあるわけで、それらも理解して伝えていかないと、本当の良さを伝えていかないといけません。

（7）インプロのルールを「演劇」の視点から見直す

「インプロではこう考えます」というルールがいくつかあります。たとえば「イエスアンド」「ブロッキング」「ブリッジング」「名前をつける」などなど。これらは〝西洋で行われている「インプロ」というものには、このような「ルール」があるようだ。だからそれに従おう〟というような認識で、日本の人たちに伝えられてきたように思います。少なくとも、わたしはそのようにしてきました。

しかし海外ではファジーに存在していたこれらのルールは、日本に入ってきたとたんに「ねばならない」ルールに変わり、日本の人たちは「ルールを守らなければならない！　ルールを守ってないのはダメ！」みたいなニュアンスになっていきました。「イエスアンドしなくてはならない」とか他者に対して「あなたはイエスアンドしていなかった」などなどを言う人たちも出てきました。また「イエスアンドとは何か」を考える会などができたりして「ルールを厳密に考える」人たちまで登場。私はそれを、直感ですごく危険だと感じました。もっとファジーでいいんじゃないか。ルールがすべてではないし、ルールを破るのも面白いし。それに気がついた以降は、日本の人たちには「ルール」というニュアンスで伝えないようにしています。

さて、私はこのような「インプロのルール」を、今まで「インプロ」サイドから見ていました。まるで「インプロ」が中心にあるかのようです。しかし先ほど書いたように、インプロは演劇であることを考えると、演劇という視点からインプロを捉え直す必要があるのではないかとわたしは感じています。

演劇論の名著マーティン・エスリンの『演劇の解剖』（佐久間康夫訳、北星堂書店、一九九一年）に、以下のような説明があります。これは演劇の「劇形式」の仕組みについて書かれた箇所です。

どのような劇形式の場合でも、ある種の基本的な問いかけが比較的早い段階で現れる。これによって観客はサスペンスにいわば落ち着いて取り組めるようになる。芝居の重要な主題は適当な時点で明瞭になるとも言える。ほとんどの芝居や映画では、それはたとえば誰が殺人を犯したか、男と女は最後に結ばれるのか、裏切られた夫は妻の愛人を見つけ出すのか、といった問いである。ひとたび観客がこの重要な主題や行動の主要な目的をつかんでしまえば、彼らの期待感は最終目的にしかと定められて、自分達の芝居がどこに向かって進んでいるのか、その一番の問いかけがなんなのか、わかるのである。

これを読むと、劇形式の要素として「芝居の重要な要素は、ある時点で明瞭になっているといい」ことが分かります。この「劇形式」の視点から見ると（インプロが演劇であるということを大前提にした上で）「登場人物の名前、場所、状況をできるだけ早く決める」というルールがなぜ必要だか分かります。つまり、このルールは「観客のために」「演劇に必要な点として」あると考えられるのです。もちろん即興の場合は台本がないので、情報を早めに明確にすることで、出演者同士のコンセンサスが取れるという利点もあるでしょう。そしてそれだけではなく、インプロが演劇として成り立っているゆえに（つまり観客のために上演するということにおいて）、このルールが必要とされるのだとも考えられるのではないでしょうか。

インプロの数々あるルールは、西洋で生まれ、日本に上陸しました。その過程で、たくさんの情報（なぜそのルールが生まれたのか）が抜け落ちてしまっている可能性は無いわけではありません。そのルールには上記のような演劇的な理由も考えられるのではないでしょうか。

さてここまでは「創造性」のプロセスについて、大きな視点で見てきました。では、即興パフォーマーはどのような意識で、インプロをしているのでしょうか。

ここからは、まず、国際的に有名な即興音楽家キース・ジャレットの語りから、インプロバイザーのマインドを知り、続けて、日本の芸術「能」における「即興」の概念から、インプロの創造を別角度から見てみたいと思います。さらにその後で、芸術学科の学生の創造プロセスの研究について述べ、最後にワークショップに参加したデザイン学科の学生からの質問に対して答えます。

（8） 即興音楽の巨匠、キース・ジャレットのドキュメンタリーを観る

ジャズ演奏家のキース・ジャレットは、トリオ、ソロ、クラシック音楽家とのコラボレーションなど数々のコンサートを行い、日本でも何度もコンサートを行っています。即興音楽というと「ノイズのようで、難解で、ハーモニーというより不協和音。でたらめ」というイメージを持つ方もいらっしゃるかもしれませんが、キース・ジャレットの即興音楽はそういうイメージとは全く異なり、とても美しい音楽です。キース・ジャレットを追ったドキュメンタリー映画、『The art of improvisation - Keith Jarret』があります。その中で「即興演奏」という行為について、とても興味深い名言がいくもありました。

▼インプロの姿

インプロヴィゼーションはゼロから始めて、ゼロにかえる。これ以上付け加えるもののない真実の「時」において、全神経はすべての可能性に開かれている。こんな風に演奏できるのは、インプロヴィゼーションだけだ。わたしは完璧にインプロバイザーだ。

▼音楽はあくまでも結果。プロセスのほうが大事

音楽より、考え方や生き方のほうが大事だ。アート界や音楽界で間違った考え方は、「音楽は音楽からやってくる」と考えることだ。これは「赤ちゃんは赤ちゃんからやってくる」と言っているのと同じで、それは違う。そんなことはない。音楽は「ミュージシャンが演奏するプロセスの結果」なのである。

▼未知の自分に沿ってみる

ソロ・コンサートをするとき、私は「今までに全くやったことのない演奏をしよう」と考える。練習中に気がついたことは「わたしの左手は、わたしが知らないことを知っている」ということ。右手には知識があって、ハーモニーを奏でようとする。いつも「結果」が欲しいわけじゃないのに、右手はできてしまう。だから、左手の声をもっと聞こうとした。

▼モーツアルトを演奏するとしたら？

即興演奏ができるミュージシャンは、譜面に書かれた曲を演奏するときでも、より大胆に演奏することができる。即興演奏家としてのモーツアルトは即興の感覚が分かるから。（※絹川補足・モーツアルトは即興演奏の名手だったと言われています。）モーツアルトが自分の曲をどう演奏させたかったかを、世界中の学者が研究している。しかしモーツア

ルトは自分の音楽を形式にはめようとはしなかったはず。たえず新しい感覚で演奏しようとしたはずである。即興演奏家のアイデアは、すべて自分の中から湧いてきたものなのに、多くの演奏家は、創造とは別の次元で訓練してしまう。彼らが習うのは、他の作曲家たちの形式や方法論だけ。私が今のクラシック音楽に失望したのは、そんな理由からだ。

このように、キース・ジャレットは、映像の中で「即興演奏」の正体を言語化しようとします。これは「即興芸術」のプロセスを考える上で、とても重要な資料になりうると思いますし、若い即興芸術家にとって、多いに励みになることでしょう。そしてもう一つ忘れてはいけないことは、キース・ジャレットは、即興うんぬん以前に、ピアニスト／音楽家としてのスキルが抜群だった（しかも作曲もできた）ことです。この力なしで、彼がこんなにも評価されることはなかったでしょう。つまりどんなに「即興」そのものが上手くても、それを「具現化」する技術がなければ、すぐれた演奏はできないということ。そういう意味で、即興パフォーマーたちがしなくてはならないことは、まだまだたくさんあるのではないかなぁと思います。

（9）能とインプロ

日本は「型」の文化だとよく言われます。私は「型」の文化の典型的として「能」があると思っていましたが、『世阿弥の稽古哲学』（西平直著）という本を読んで、それが思い込みであり、間違いであることを知りました。しかも「能」は「即興」であることも。

「能」を大成したのが「世阿弥（ぜあみ）」という人です。彼の時代は「芸は言葉で説明できない」が当たり前だったのに、『風姿花伝』など、たくさんの伝書（秘伝の書）を残しました。彼は、父親の観阿弥の教えを「守る」だけではなく常に新しい表現を追求した人物のようです。世阿弥能の継承者・観世寿夫によると、そもそも世阿弥自身は「型」

という言葉を用いなかったそうです。しかも著者によると、（いわゆる）型は、「表現」へと越えられるべきものであること、むしろ「舞台芸術における即興性を可能にするために」型があり、型を稽古することによって、「即興性を可能にする身体を作る」といいます。つまり「型」の先に「即興性」があり、そこに到達するために「型」があるということのようです。「能」と「インプロ」はまったく相反する／対立するものだと思っていましたが、そうは言えないのです。

さて少し話がそれますが、認知科学において「創造性」を研究した論文の中で、「何かを創造するときに〝なんでもいいですよ。自由にやってください〟と言われるよりも、ある程度の〝制約〟があったほうが、いろいろなアイデアが生成される」という報告があると前述しました。つまり、何もないよりも、ある程度の「型」があったほうが、創造性が発揮できる場合もあるということです。ここでは「型」と「創造性」が対立するものではないことが分かります。わたしは「型」というものに対して、あまりいい印象を持っていませんでしたが、これらのことから見ると、どうやら「型」というものは人間にとって悪いものではなく、むしろ「芸術表現」や「創造性」や「インプロ」とも面白い関係であるような気がします。この周辺のことは、科学でもまだまだ未開拓な部分ですし、一般的に「誤解」されている点も多いように思いますので、もっと考えたり、発信したり、そういう作業が大事かもしれないなと考えます。

【参考資料】『世阿弥の稽古哲学』西平直著、東京大学出版会、二〇〇九年

(10)優秀になっていく人／そうでない人

パリ大学のトッド・ルバート教授の特別レクチャーを聞くチャンスがありました。ルバート教授は、創造性と感情の関係、知的にすぐれている子どもたちについて、芸術を会得する学生の成長プロセスや、バーチャル空間での人間の振

る舞いなど広く研究されています。パリ大学ではたくさんの研究者が豊かな環境でダイナミックな研究をされているそうです。

そこでとても興味深いことを伺いました。すでに論文になっている二つの研究について紹介します。まず面白かったのは、芸術学部学生（大学院生）の創作プロセスの「認知と感情」を調べたところ、優秀な者は「創作中は幸せ～！楽しい～！　でも作業が終わって自分の作品を振り返ると、作品に納得できない」という気持ちを表明するのに対して、優秀でない者は「創作中は苦しい。でも作業が終わると満足」ということです。補足すると、ここでいう「優秀／そうでない者」の基準は、この後にプロの芸術家になれたかなれなかったかということです。つまり学生時代～その後の追跡調査もしっかりなされているということを示します。

そして、彼らを指導する教員の振る舞いについても調査されました。どのような教員から、上記のような優秀な学生／優秀ではない学生が生まれるかという点です。ここでの「よい／悪い教員」の基準は優秀な学生を輩出したか輩出できなかったかです。さて、どのような教員だといい学生が育つのでしょうか。それは彼らが学生に対しておこなう「評価の仕方」にありました。調査によると「優れた指導者」は優れた学生に対しての称賛を惜しまないで「君は素晴らしいよ！　この作品はすばらしい！」と言うけれど、ダメな学生には厳しいコメントをする。しかしダメな指導者は、優れた学生に対してもダメな学生に対しても「まあ～いいんじゃない」という曖昧な評価をするらしいということです。これはあくまでも、フランスの学生と指導者を対象とした調査なので、日本に当てはまるとは限りませんが、なかなか考えさせられる結果です。

そして「どんなことにも当てはまるなぁ～」と思いました。たとえばインプロのショーでも、舞台上でやっている姿を見ていて「あきらかに苦しそう」なパフォーマーがいます。しかし不思議なことに、彼らに「公演どうだった？」と聞くと「楽しかったです！」って答えるのです。本番中の舞台の様子では、あんなに苦しそうに見えたのに。この現象はとても興味深いものです。自分の状態を自覚できていないのか、苦しんでいる自分を認めたくないのかな？

逆に、舞台で素晴らしい表現をしたパフォーマーに、後で感想を聞いてみると「まだまだ足りなかった。こんな風にもできた」とたくさんの反省が帰ってきます。常に満足しきれない。だから練習し、次の舞台に立ちます。

また指導者についても「なるほど」と思いました。学生の指導をするようになってつくづく思うのですが、彼らに「厳しい言葉」を言うのは、こちらにとっても楽ではありません。学生に嫌われるかもしれないし、パワハラとか言われるかもしれないし（苦笑）。学生を育てる責任から逃げれば、コメントも曖昧になるのは当然です。しかし、上記の研究を見ると、ホントウに学生に成長してほしかったら、厳しさと応援の両方をする必要があることが分かりました。

このようにルバート教授から教えていただいた研究を、別分野に応用して考えることができるかもしれないと思いました。しかしルバート教授はこうおっしゃいます。「この結果は、あくまでも、これはフランスの芸術大学院の学生に限った話しで、普遍的とは言いきれない」。つまり「簡単に、別ジャンルでも〝同じだ〟としてはいけない。ちゃんと調べなくてはいけないよ」ということです。ルバート教授は、大きな意味での研究者としての立ち振る舞いを、甘やかさず教えてくださいました。そういう意味で、彼もまた素晴らしい指導者といえましょう。

(11) なぜブレーキがかかってしまうのか？～不安に寄り添う 絹川流Q&A～

あるワークショップが終わってから、参加していたデザイン学を専攻する学生Aさんから、ある質問をいただきました。「最初は楽しくやっていたのですが、途中から自分に、ブレーキがかかったように感じました。苦しくも感じました。以下の質問に答えていただけますでしょうか」。わたしも始めた頃、Aさんと同じような気持ちに何度もなりました。もしかしたら、いまインプロをやっている人たちの中でも、同じような気持ちになる人もいるかもしれないなと思い、Aさんに承諾をいただき、掲載させていただくことにしました。

Aさんからの質問
最初は楽しくやっていたのですが、途中から自分にブレーキがかかったように感じました。

質問①　どうしてでしょうか。
質問②　このようなことは演者さんにも起こるのでしょうか。
質問③　このような状況に陥らないように、どんな訓練が効果的でしょうか。
質問④　このような状況に陥った場合、そこから抜け出すのに、やった方がいいことは何でしょうか。

このご質問に対して、絹川は以下のようにお答えしました。

質問①　どうしてでしょうか。

絹川　人によって理由がいろいろあると思いますので、一概に言えないところがあります。Aさんは初心者ですので、もっと体験してからのほうが理解できるんじゃないかなとも思います。たとえば自転車に乗れない人が「なぜ自分は自転車に乗れないか」を説明するのは難しい。でも自転車に乗れるようになれば、後は考えなくても乗れるようになるのと、ちょっと似ています。でもこれでは答えにならないので、一般的なことではありますが、以下のような理由が考えられると思います。（キース・ジョンストンなど私の先生から習ったこと＋私の経験から）

・人に見られている」という環境の変化によって、評価されるのではないかという恐怖／上手くやらなくては、面白いことをしなくてはという気負いによって自意識過剰になってしまった／がんばりすぎてしまったから。
・自分が楽しむことよりも、他人が気になってしまったから。
・自分が面白いと思うことよりも、優等生と思われるような（自分ではあまり盛り上がらない）行動をしてしまい、それでしらけてしまったから。
・「さっきまで楽しかったのに、どうした自分？」と自意識過剰になり、
・「今ここ」の波に乗り切れなかった。（サーファーが波乗り失敗したみたいなイメージ）
・他者が面白いことをしていたので、自分と比較して、「自分はダメだ」と思い、気が引けてしまった。
・他者のアイデアが受け入れられない／気に入らないし、自分のアイデアを尊重してもらえないので、気持ちが萎えて

しまった。

・「自分はもっと面白いはず」なのに、面白いアイデアが出ない自分にダメ出しし始めてしまい、アイデアが出せなくなってしまった。

・自分や他者に「要求するもの」のレベルが高すぎて、自分たちがついていっていないことに批判的になってしまった。

→基本的にネガティブで批判的な思考をすると、創造性は活性化しないと言われています。

・テーマを面白いと思えなかった。

・単純に体力的にツカレタから。　などなど

質問②　このようなことは演者さんにも起こるのでしょうか。

絹川　初心者の人たちには、よく起こります。おそらく、ほぼみんな経験があると思います。私もたまにあります。役者はこれをトレーニングやインプロへの理解で乗り越えます。今回のワークの最初に言ったように、「表現」とは自分をさらけ出すことであり、ある意味「危険」な状態です。ですので、通常は、「誰にも見られないで練習する」時間を十分にとる必要があります。孵化期間が必要です。「見られている（しばしば、評価されているという意識）」があると自意識過剰になってしまうのです。練習を積んで、自分に自信が持てるようになると、人に見られていても評価が気にならないので、表現している世界に没入できるようになります。なお本来のワークショップでは、全員が乗れるように丁寧に進めなくてはなりません。そういう意味で、今回はファシリテーターの私の判断が悪かったのです。みんながリラックスして参加できるようにするにはどうしたらいいかを工夫しなくてはいけませんでした。しかし今回は、主催者からの要望もあり、あえてレベルの高いことを要求させていただいたところがあります。

質問③　このような状況に陥らないように、どんな訓練が効果的でしょうか。

絹川　十分なウォーミングアップでしょうか。でも「～をしないように」という否定的な言葉にスポットをあてると、

かえってそれが気になってしまうので、むしろ「楽しくできるのにはどうしたらいいか」という肯定的な言葉にして、そちらへ意識を向けたほうがいいのではないかと思います。また、こういうことはあまり真剣に悩まず、「ま、いつか分かるさ」「ま、ほとんど楽しかったんだから、よしとしよう」「あとは、これからできるようになるさ」という気楽さが必要です。がんばれば、訓練すれば、できるようになるようなものでもありません。単純に体調だけでも、コンディションは変わりますので……。

質問④ このような状況に陥った場合、そこから抜け出すのに、やった方がいいことは何でしょうか。

絹川　自分にオッケーマークを出すことでしょうか。自分の「ブロックしている」という状態に「イエスアンド」する。ああ、自分はいま、あんまり乗らないなぁ～なんか調子がでないなぁ～ということを、良い状態の自分と同じように認識する。批評しないで、ただ認識する。別に「ブロックしている」ことは悪いことでもないし。と考える。「面白く〝やってやろう〟」という意図がある人達は、魅力というよりも「意図」が見えてしまっています。そういう人は意外にも、「面白かった」と言うんです。でも客観的には「魅力的」というより「面白ことをやろうと狙っている人」にしか見えません。むしろ演技とは「我」を捨てたところに立ち上がってくるように思えます。「演技」とか「演劇」とかは、何度も経験していかないと理解できないところがあります。それは思考より感覚が先立つものだからかもしれません。だから、あまり頭で考えようとしても、堂々巡りになるだけかも。この疑問をすぐに解決しようとしないで、まずはこの疑問とダンスでも踊る気持ちで、寄り添ったらいかがでしょう。

インプロにまつわる違和感

ここまではインプロの創造性について、様々な角度から見てきました。ここからは、それらを通して感じる「違和感」や「疑問」について述べたいと思います。インプロでは「肯定的であること」が重要視されますが、インプロ業界がもっと良くなるためには、現状を批判的に見ることも大事だと考えるからです。まずはワークショップのブームと、初心者ファシリテーターに起こりがちな問題点について述べたいと思います。その後、教育とビジネス分野における疑問について述べます。

(1)「ワークショップで盛り上がろうぜ〜」っていう人に渡したい一冊

ある方からファシリテーターの問題点を理解しやすい「たとえ話」を伺いました。それは星新一の「ボウシ」という短編です。簡単なあらすじは、以下です。

宇宙からやってきたミーラ星人は「なにかいいものはないか」と地球を探索。するとある家で、おいぼれ手品師が手品の練習をしているのを発見。手品師は、ボウシからウサギやら何やらいろいろ出している。「これだ！」そう思ったミーラ星人が、盗んでいったもの、それは「ボウシ」だった。ミーラ星人は、これがあれば何でも出すことができると思った。しかし何度試しても、そのボウシからは何も出てこない。本当に盗むべきものは、ボウシではなく、手品師だったのです。

ワークショップの文脈でこの物語を解釈すると、ボウシはインプロのゲーム（エクササイズ）、手品師は熟達ファシリテーター、ミーラ星人は「ネタ探し」をしている初心者ファシリテーターです。ミーラ星人のように、盗むものを間違えているファシリテーターにたくさん出会ってきました。彼らは、熟達ファシリテーターのワークショップに参加して、ゲームだけを盗んで帰っていきます。ゲームさえ知っていれば、ワークショップができると思っているようです。しかし実際には、ワークショップのファシリテーションはゲームを知っていてもリードできるものではありません。初心者ファシリテーターが初心者である所以は、それを見抜くことができないことかもしれません。こういうファシリテーターのワークショップに参加した参加者は悲惨です。ただ楽しいだけの「お楽しみ会」になるならまだましな方で、無理やりテンションを上げさせられて「楽しいふり」をしなくてはならなくなったりとか、「自分はいかにできないかを」思い知らされる体験になったりとか、やっていることは全然面白くないのにファシリテーターだけが盛り上がっていて、それについていくのでくたびれてしまったりとか、そういうことになります。もちろん誰でも始めは初心者なのですから、ファシリテーションが上手くいかないときもあると思います。しかし「ボウシ」だけが手に入ったからといって、すぐにワークショップを始めるのはあまりにも無謀。あまりに自分を過信しすぎているのでは。せめて「手品ができる」ようになるまではワークショップはできない。そんなことは参加者の方々に失礼である。という気持ちを持つべきではないかと思ってしまいます。特に、演劇的なワークショップは心身を媒体としておこないますので、ヘタをすると参加者が傷ついてしまいます。ファシリテーターが、本当に参加者を「大事に」して、表現を孵化させてあげなければいけないのです。そういうことをちゃんと分かってから、スタートしても、決して遅くないと思います。どうかみなさま、皆様の周りに、「他者の表現が生まれることへのリスペクト」なしに、「インプロのゲーム面白いから、ワークショップやってみんなで盛り上がろうぜ～！」「イエス・アンド・サイコー！いえ～い！」と「ノリ」だけでワークショップをやってしまう人が近くにいたら、そっと肩をたたいて、星新一「ボウシ」を手渡してあげてください。

(2) 教育で「インプロ」が使われるときの違和感について

最近、教育関係者から「インプロのワークショップをした」などの報告を、さまざまな媒体で目に耳にするようになりました。教育現場で「インプロ」という言葉を聞くとき、論文を読むとき、ワークショップを拝見するとき、日本にインプロを紹介してきた一人として、インプロのパフォーマーとして、インプロを使って指導をしている立場として、「インプロ」という言葉が広まってきて良かったな〜、いろいろ使われているようで良かったな〜、人のためになっているようで良かったな〜、と感じます。

しかし反面、ある「違和感」をどうしても感じます。それは「インプロ」が誤訳・誤解されているということです。「インプロすること」と、「インプロのエクササイズを使うこと」は、ごっちゃに使われているような気がします。特に教育関係者の中で「ごっちゃ感」は強いように見受けられます。教育現場で、アイスブレークやコミュニケーションのために使われているのは「インプロのゲーム」であって、即興演劇(インプロ)そのものではありません。使われているゲームは「インプロ」の全容からすると、ウォーミングアップ・レベルのもの。ちなみにインプロで言う「ゲーム」とは、「インプロができるようになるための〝エクササイズ〟」です。サッカーに例えてみましょう。サッカーをするときに「ランニング」は必要です。けれど「ランニング」=「サッカー」とは言いません。それなのに多くの教育関係者は「インプロ」でいう「ランニング」を、「インプロ」という名前で呼んでいるのです。「インプロ」は「演劇」のジャンルに入ります。観客のために演じられるエンターテイメントです。それ以外の領域に使う場合、それは「応用」になりますので、「応用インプロ」と言ってもいいかもしれません。

ちなみに海外ではApplied Improvisation(応用インプロヴィゼーション)という名前で、いわゆる演劇としてのインプロとしっかり区別しています。インプロを応用的に使う人たちは、自分たちのことをインプロバイザーとは言い

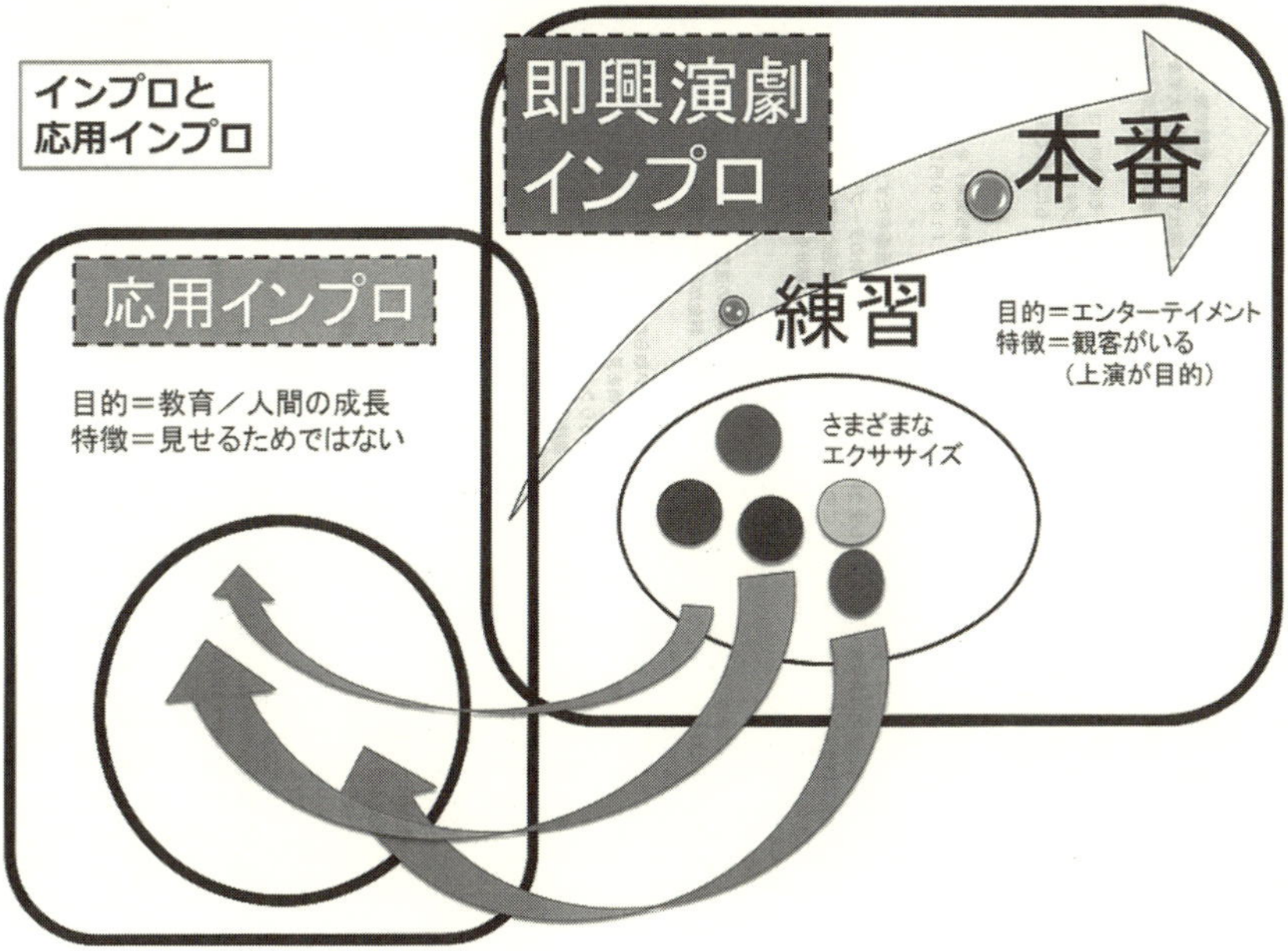

【図】インプロと応用インプロ

ません。むしろはっきりと「私はインプロバイザーではなく、インプロを応用しているのである」という立場を明確にしています。彼らは、これを明確にすることが、自分たちの活動を明確に打ち出すために、とても大事だと主張しています。しかし日本では、すべてが「ごっちゃ」。すべてが「あいまい」。これでは「本質」を突き詰めて、新しいものを創造していくことは難しいのではないでしょうか。たとえば本当に教育に活かすためのメソッドや考え方を生み出していくためには、このような「あいまいさ」に足を取られる可能性はなきにしもあらずです。私は、「演劇」を社会的教育的に利用する時に「応用演劇」と言うのと同じように、インプロも領域ごとのはっきりした棲み分けが必要だと考えます。教育関係者は「自分たちはインプロをしているのではなく、インプロの練習の要素を使って、それを教育に活かそうとしている」ことを、明確に位置づける必要があります。それはあくまでも「応用インプロ」であり、「インプロをやっている」わけではなく、「インプロの練習を応用している」というスタンスを意識し、もっと上位の目的である教育に焦点をあてることです。このように本当の目的を明確にすることで、初めて「インプロ」という概念的な言葉に翻弄されずに、教育メソッドを生み出すことができるではないでしょうか。

（3）企業研修でインプロをデザインする

ある時、インプロの舞台をたままた観に来てくれた友人（営業マン）から、「どうして相談もしないで、こんな風に演劇ができるの？」という質問を受けました。「私たちは台本がないので、台本を覚える練習はしていないけれど、〝即興でお芝居を作る〟ための〝即興性〟や〝創造性〟を鍛えているんですよ」と答えました。すると友人は「それは、ボクのような営業マンにも必要なスキルだから、練習の仕方を教えてほしい」と言われました。私は、いつも練習しているやり方をワークショップとして紹介しました。それが評判となり、口コミでいろいろな企業からワークショップや研修の依頼をいただくようになりました。

現在、私以外の方々も企業研修に進出したり、研修講師がインプロを使うようになったりして、企業研修のひとつとして「インプロ」が導入されるようになってきました。これには大変大きな意義があると思います。仲間とWIN-WINの関係で何かを創造していく態度や、直感を信じて柔軟に発案する姿勢は、イノベーションを起こすために必要な要素だと言われており、それはインプロのトレーニングで培われ得るものだと思うからです。

しかし行われている研修を見てみますと、まだまだインプロが効果的には使われていないのではないかと思うこともあります。企業の方々とお話をする機会が多々ありますが、その中で「研修の中でインプロをやらされたけど、アイデアが出なくて苦しかった」などの感想をよく耳にします。これらヒアリングを通して、「インプロ」を別フィールドで活用する場合の問題点が見えてきました。今回はその中の、三つの問題点について述べます。

まず一つは、「ゲーム」というプロダクトばかりが注目される傾向です。インプロのゲームは、ルールが分かったからといって簡単に使えるものではありません。実はゲームを「どう使うか」というＨＯＷの部分がめちゃくちゃ大事です。どのような目的や文脈の中で、なぜそのゲームをどう使うのか。それをちゃんと理解しないと、ファシリテーターのリードは曖昧になってしまいます。目的や注意点が不明確で「なんとなく楽しい」という状態の場合は、このようなことが多いように思います。この曖昧さが参加者の混乱をうみ、中には「インプロをやったが苦しかった」という感想が出てきてしまいます。さらなる問題は、これはリードする側に問題があるのに、参加者の人たちの方が「自分はダメだった／発想力がない」と反省してしまうことです。責めるべきはリードする側なのに。このようなサイクルがあるような気がします。

二つ目に文化の問題です。「インプロ」が発展してきたのは主に西洋です。つまり西洋的な問題を解決するために開発されてきています。インプロでよく言われているルール、たとえば「相手を輝かせる」「がんばりすぎない」「しゃべりすぎない」などは主張が強く個人主義が重んじられている西洋人にとっては、大事な注意ポイントだと思います。しかし日本人は、一般的に上下関係に厳しく、自分よりむしろ相手を大事にする風潮があります。自分が主張をすること、はみ出すことは極力避けるタイプの人が多い文化です。そのため、たとえば「イエス・アンド」をするとき、日本人にとって「イエス」はとても簡単です。しかし「アンド」で自分の意見を付け加えるのはとてもニガテという面があります。「相手を輝かせて」と言うと、相手ばかりに気を使ってしまい、自分がどう感じているのか、自分が何をしたいのかを見失ってしまう人たちもいます。このように「インプロ」と言われている概念には、日本にはそぐわない部分や、使うなら解釈を変えなくてはならない部分があると思います。そこの整理ができていないで、ただ西洋からきたインプロを、そのまま参加者に教えてしまうことは、参加者のインプロに対する理解度と齟齬をきたしているのではないかと感じます。

三つ目に「インプロ」を万能薬のように風潮する傾向があります。わたしは正直に言って「インプロ」が世の中の全ての問題を解決できるとはどうも思えません（苦笑）。その辺りを整理しないままに「これは魔法のように万事を解決できる」と言いきってしまうのは、雑すぎるように思えます。たとえば、なんでも「イエス・アンド」でいいのかという点は、注意深く考えなくてはならない点です。何にでも簡単にイエスしてしまっていいのでしょうか？　誰に、何に、イエスアンドするのでしょうか？　そこに、こだわりがなくてもいいのでしょうか？　鵜呑みにしてしまうことでの危険性もあるのではと思うのです。この辺りも整理できておらず、きちんと明示していないままに、「インプロ」を使う研修が広がっています。以上、「インプロ」が研修フィールドに介入するときの問題点について述べてみました。

社会貢献としてのインプロ

インプロは応用されて、さまざまな領域で活用されるようになりました。私もさまざまな領域から依頼を受けます。年齢は子どもからシニアまで、健常者から障がいのある方々まで、領域としては芸術、教育、ビジネス、福祉・医療関係、裁判所や政治家からの依頼もありました。依頼先から求められることは様々であり、それぞれの目的に相応しいデザインをすることが求められます。それでもインプロは、他のツールと比べるとかなり応用範囲が広いことが分かります。では「インプロ」は具体的に、どのような側面に対して応用することができるのでしょうか。ここでは世界保健機関のＷＨＯが掲げる「ライフスキル」と照らし合わせて、インプロがどのように社会生活に応用できるかを考えてみたいと思います。

（1）「即興演劇」×「ライフスキル」

「ライフスキル」は、ＷＨＯ世界保健機関が提案したもので「日常生活で起こるさまざまな問題や要求に対して、建設的かつ効果的に対応するために必要な能力」のことです。「ライフスキル」の構成要素は十個あります。

1 決断力
2 問題解決能力
3 創造的思考
4 批判的思考
5 効果的なコミュニケーション
6 対人関係スキル
7 自己認識
8 共感
9 感情に対応できること
10 ストレスに対応できること

これらのスキルは、もちろん明確な分かれ目があるのではなく、それぞれが影響しあっています。そしてこのような力を獲得することは、人間成長や社会への適応にとても大事だと言われてします。そして「ライフスキル」の研究は、「スポーツを通して、これらのスキルを獲得させることができるのではないか」という仮説において、主に体育やスポーツ心理学などの分野でなされています。では「ライフスキル」の要素と、インプロのトレーニングはどのように対応するのでしょうか。

1▼決断力

即興演劇では「その場で〝決める〟」ことを体験できます。〝迷う〟まえに〝決める〟。そうすれば表現しようとす

よって、自分のアイデアを人々と共有することが可能となっていきます。表現することがらをより具体的にすることによって、自分のアイデアを人々と共有することが可能となっていきます。

2▼問題解決能力

創造とは問題解決です。「即興演劇」を創造することで、そこで起こる問題を解決する経験をたくさんすることができます。ワークショップで創作されるストーリーは「問題」であり、参加者たちはそれに対する解決策を創りださなくてはなりません。「現実ではないストーリー」を解決する体験を積むことで、問題を疑似体験し、日常への解決の力を養うことができるのではないかと思います。

3▼創造的思考

「即興演劇」を行ううえで必須の能力です。この能力を開花させるためには、からだがリラックスしていること、批判される恐怖から解放されていることなどが必要となります。

4▼批判的思考

「即興創作」を支えている考え方に「イエスアンド」があります。この「イエスアンド」は一見「何にでもOKを出す」という無批判的な態度のように見えます。しかし、そうではありません。「イエスアンド」をする物事は、創作するための人間関係であり、創作のためのアイデアであり、思考であり、哲学です。そして「自分のほんとうの気持ちに〝イエス〟する」ことでもあります。逆に、批判的な思考で、社会や日常の問題を問いかけるといった表現も大事なことです。また社会を、批判的にアイロニーを込めて表現することもあっていいと思います。そういう意味で、表現として、創作として、批判的思考も即興演劇では必要だと思われます。

5▼効果的なコミュニケーション

即興演劇には台本がありませんので、誰が何をどう表現するのかを明確にして、相手に伝える必要があります。また相手の表現を、しっかり捉えることも同じように大事なことです。そしてコミュニケーションのやり取りを停滞させずに行わなくてはなりません。これらの経験により、明確なコミュニケーション能力を身につけることができます。

6▼対人関係スキル

ここでの対人関係スキルとは、ポジティブな人間関係を築くことのようです。これは「即興でなにかを創作する」作業において、非常に大事なことです。それを揺るがさないために「イエスアンド」や「相手を輝かせる」など、お決まりの「インプロルール」がたくさんあります。

7▼自己認識

自己を理解することです。インプロではエクササイズを行う過程で、いつもの自分の「くせ」に気がつくことが多いと参加する人たちはおっしゃいます。それは「即興でおこなう」ことによって、自分の「普段」が、「エクササイズ」という非日常の枠組みの中で見えてくるからではないでしょうか。日常のくせは、なかなか日常で気がつくことはできません。また「普段は出さない自分」を現してみることで、「自分にはこういう面があった」という発見をすることができます。もちろんこれは「即興演劇」だけではなく「演劇」がもつ力でもあります。

8▼共感

「即興での集団創作」には「共感性」が重要な役割です。エクササイズの中には、共感を学ぶことができるものがたくさんあります。

9▼感情に対応できること

人間はさまざまな感情を持っているにも関わらず、そのほんの一部しか、日常生活では出すことができません。しかも、たとえば日本では「会社で笑ってはいけない」とか「電車の中で、大声で笑ってはいけない」とか「人前で怒ってはいけない」とか「男の子なんだから、泣いてはいけない」とか「女の子なんだから、笑顔でいなくてはならない」などと、日常での「感情の制限」がものすごくあります。それ以外の感情を出すことは禁じられており、常に偏った感情表現を強要されている面があります。また最近では「表情のない若者が増えてきた」と言われています。確かに「能面」のように、顔を見てもどんな感情なのかわが分からない人間が増えているように思えます（日本では、中年や高齢者にも無表情の方が多いように感じます）。先ほども「日常で表現の練習をする場はほとんどない」と書きましたが、感情についても同じことです。さまざまな感情があるにも関わらず、それを発散することができない社会状況となっています。ここで「演劇」や「即興演劇」の良さが、もっと注目されてもいいのではと感じます。この世界ではさまざまな感情表現を体験することができますし、それは架空の世界でありますので、自分の日常で「人間関係のトラブルになる」などの悪影響はありません。

10▼ストレスに対応できること

人間はある程度、ストレスを抱えていたほうがいいのだという節もあるように、かならずしも「ストレス＝悪いこと」ではありません。ただ、ストレスに振り回わされてしまうのではなく、ストレスをコントロールし、仲良くつき合う「理性」が必要だと思われます。このように一見悪い事のように見える物事を、コントロールする力は「理性」なのではないでしょうか。そして「理性」を育むには「現実をそのまま受け入れ、理解する」力が必要であり、そういう意味で、「今起こっていることを、丸ごと受け止める」という「即興演劇」の理性的なあり方は、この力の獲得にも役に立つと考えられます。

さてここまででライフスキルを獲得するために「即興演劇」ができることを述べてきました。これはわたし自身が実感していることでもあります。人々の生活をもっと豊かにするために、これからもインプロはさまざまに応用されていくのではないでしょうか。

【参考資料】 ＷＨＯのホームページに、以下のタイトルで「ライフスキル」の考え方について掲載されています。Programme on mental health workld health organization Geneva, Life skills education for children and adorescents in schools,1997

実践家が学校に行くということ〜

「演劇」×「実践家」×「学校教育」＝「？」

■ファシリテーターのみなさんへ

わたしがワークショップのファシリテーターになって一番苦労したことは、自分がやっているワークショップの良さを、上手く説明できないことでした。「インプロは楽しいんです！　日常生活にも役立ちます！　演劇はワークショップとして、とても素晴らしいです！」などと言っても、見たこともやったこともない人たちには、こちらの意図はチンプンカンプンです。「ふ〜ん。よく分からないわ」とか、「インプロなんて稽古場でやっていればいい」とか、「演劇ワークショップ？　演劇やったことないからできっこないわ」とか、「アドリブは不得意だから、私たちにはできないと思う」とか、「演劇とかインプロとかは、今までの勉強とあまりに違うから、取り入れるのは難しい」とか、否定的な意見をなんど貰ったことでしょう。私は「言葉が欲しい」と思いました。等身大以上に飾る必要はありませんが、等身大の良さを伝える言葉です。次第に私はいろいろな本を読んだり、学校に行って勉強したりして「自分の言葉を持つ」訓練をするようになりました。まだまだ足りませんが、それが少しずつ蓄積されて、その集大成が本著となります。ついに今では、訓練そのものが楽しくなってしまい、大学院に入り直して、研究者としての道を歩もうとしています。

さて最後に紹介するのは、文部省から芸能花伝舎が依頼されて行った事業の一環で、ファシリテーターの皆さんに向けて書いた文章です。学校にアウトリーチしてワークショップを行う時に、ワークショップの良さを説明するための言葉を持って欲しくて、いろんな情報をまとめたものです。情報のつぎはぎが気になる文章ですが、これを踏み台に、みなさんがもっと言葉を広げ深めてくださるといいなと思います。

コミュニケーション教育の一環において、実演家が学校に出向き、ワークショップや講座を行う試みがなされています。知的学習では補えない体験的な「学び」を子どもたちにもたらすこの試みは、フレームとしての問題意識は明確にあるものの、肝心なコンテンツの充実が間に合っていないのではないかという問題を指摘されています。実際に指導を行っている実践家に話を聞いてみますと、コミュニケーション教育のための十分な教育を受けていないまま、社会に必要とされているがまま、学校現場に出向かなくてはならず、不安や疑問を抱えながら活動しているという声をよく聞きます。

ここでは、それらの不安や疑問を少しでも解消するために、実演家が学校へ出向く意義を考えてみたいと思います。なお、ここでの「実演家」とは演劇活動を行っている芸術家と定義します。

実演家が学校に行くことの最大のメリットは「非日常を子どもたちに提供できること」ではないかと思います。この「非日常」とは、三つの種類に分けて考えることができます。

一つは「関係性の非日常性」です。哲学者ランシェールによると、先生と生徒の関係には二種類――「解説関係」と「解放関係」があると言っています。「解説関係」とは、先生が子どもたちに対して、ある知識を授ける関係です。「子どもは何も知らないから、知識がある先生が知識を教えこませる」という関係です。これだと子どもたちは能動的に聞くほうが有利であり、「できる子」と「できない子」の優劣が起こると言われています。

それに対して「解放関係」は、先生と子どもが平等の関係です。学び方は子どもそれぞれが、それぞれのやり方を工夫します。しかしだからといって「子どもたちはただ自由になんでもやっていい」ということではなく、あくまでも先生と従属関係を持っていることがポイントです。たとえば、先生が「本当に楽しそうにやっている」のを見て、子どもたちが「先生にあこがれをもつ。やる気になる」という従属関係です。

日本の教育を考えますと、「解説関係」が一般的ではないでしょうか。そして、それによる弊害は、「子どもたちが自分で考える力が育たない」という点です。これについては、授業にディスカッション形式を取り入れるなど、学校側も工夫しているようですが、いまだに「子どもたちの積極性」を養えているかというと疑問があります。また、この関係での学びが主流なため、子どもたちの成績には優劣がつけられます。今では、「成績の優劣＝人間として優劣」のように重くとらえられてしまい、そのために成績が悪い生徒は「ダメな生徒」というレッテルを貼られてしまいます。

この問題を解決するためには、先生と子どもが「解放関係」を作ることです。通常の関係を変えることで、新しい学びの可能性を子どもたちに開いてあげるのです。芸術教育とは、もともとある知識を子どもたちに授けるのではなく、彼らが持っている力を「引き出す」作業ですので、自然に「解放関係」を成立させることができ、この関係性をつくるための存在として、学校外の実演家は相応しいのです。子どもたちと平等の関係をつくり、「いい／悪い」の評価ではなく、「それぞれの個性を尊重する」指導をすることで自主性が育つように指導すれば、実演家が学校にいく意義は十分にあると考えられます。

二つ目の「非日常」は、時空間の非日常性です。子どもたちは大抵「同じ教室」で「同じ時間の流れ」で生活しています。時空間が凝り固まっています。学習には常に「新しい興味」が必要です。好奇心をかき立てる世界があるからこそ、そこに「興味」が生まれるのにも関わらず、現在の学校は、空間と時間が固定化されているために、「場」から好奇心を膨らませることが難しくなっているのではないでしょうか。もし実演家が学校に入り、演劇的な空間をそこに作れれば、そこはいつもと違う世界となります。教室はジャングルや大海になり、時間は大昔や未来になり、子どもたちは想像力を発揮して、その世界で生きることができます。そこで子どもたちは新しい興味を見つけるでしょう。もしかしたら将来は科学、数学、歴史などに興味を持つかもしれません。

三つめの「非日常」は「想像力による物語性」です。二つめの「空間と時間」と共通しますが、演劇では「虚構の世界」を教室に作り出すことができます。「虚構の世界」とは「未来の可能性」かもしれませんし、「過去の人間の歴史」かもしれません。そしてそこには「物語性」がかならず潜んでいます。そもそも人間はものごとを「物語」で理解する動物だと言われています。さまざまな文脈をつむいで、物事を理解します。それなのに日常の子どもたちの生活は単調です。朝起きて、学校に行って、同じ並びの同じイスに座り、勉強して、遊んで、家に帰る。しかも日常生活が強力に染みついている子どもたちは、日常でラベリングされている自分以外の自分を表現する機会はほとんどありません。子どもたちがこれから大人になっていく過程において、「こうなったらいいな／ああなったら、どうなるだろう」とものごとを想像する力や、「日常では出せない自分を表現してみるという体験」は非常に大事な力であるにも関わらず、それができる場所は非常に限られています。実演家は、演劇的な空想の物語を教室に持ち込むことができます。架空の物語の中で、子どもたちにチームワークが必要な物語を体験をさせることができるかもしれませんし、「この子はこういう子どもだ」というラベリングから、子どもたちを解放させることができます。たとえば物語の中で、いつもボス的な子どもが気の弱い動物役を体験したり、目立たない子どもがスーパーマン役をやってみるなどの体験です。このような体験によって、子どもたちは自分を表現したり、他者を意識する目を、相手を思いやる共感の感覚を養うことができます。

このように、実演家が教室に持ち込むことのできる三つの「非日常」は、日常の授業では提供することのできない、子どもたちの成長にとって非常に大事な要素を含んでいます。

ではさらに「非日常」体験によって、子どもたちが学ぶこととは、人間成長にとって、どのような位置づけなのでしょうか。ここで先人の知見をひもといてみましょう。

アメリカの教育哲学者デューイは、学びには為すことによって学ぶ〝Learning by doing〟と、そのものに「なりきる」ことによって学ぶ〝Learning by being〟があり、この両方がバランスよくあることが教育には大事だと主張しました。そして彼は、前者が学校教育の主流であることを非難し、「なりきる」学習方法によるアメリカ演劇教育を支援しました。演劇を用いた教育では、「架空の世界を提供」して、子どもたちに日常とは違う世界を体験させること、つまり〝Learning by being〟の体験を提供することなのです。

心理学の側面から考えると、心理学者ギルフォードは、人間の「思考」を二つの種類に分けました。それは「収束的思考」と「拡散的思考」です。「収束的思考」とは、答えが一つしかない問題を考えること。たとえば「リンゴを一人に二個配ると、十五人の場合はいくつのリンゴが必要か」など。

もう一つは「拡散的思考」。これは答えが一つとは限らない問題を考えること。たとえば「もし世界が女だけになったら、どんな世界になるか」とか「ペットボトルにどんな用途があるだろうか。たくさんアイディアを挙げなさい」などです。これは創造的な発想が必要となります。生活する中で、両方の思考が必要だということは疑う余地はないでしょう。しかし学校の学びのほとんどは「収束的思考」です。「拡散的思考」を促すことができる可能性は「答えが一つに決まっているわけではない」演劇的な世界の中にあり、このように「演劇」を用いた活動は、「拡散的思考」を促す活動なのです。

さて、このように教育において「非日常」が学習として効果的な位置にあることはおわかりかと思います。ではこのような学びを教室で生じさせる為には、実演家に必要なことは何でしょうか。さまざまな要素が必要となりますが、ここでは三つ挙げたいと思います。それは「芸術家として本物であること」「教育の視点を持つこと」「ファシリテーターの能力を持つこと」です。

「芸術家として本物であること」

東京大学の岡田猛教授は著書『触発するミュージアム』(あいり出版、二〇一六年)などで、子どもが芸術家と出会う意味は、芸術家が自分の領域の表現の仕方を紹介したり、創造や表現のプロセスを一緒に体験したりすることで、素朴な表現しか行っていなかった子どもたちを触発し、彼らが芸術活動を楽しむきっかけを提供することであると述べています。つまり実演家は、自分の専門性を磨くことが必要です。俳優だったら圧倒的な表現力かもしれませんし、劇作家であれば物語を作る力、演出家だったら劇づくりについての美学なのかもしれません。本物と出会うとき、子どもは「説明できないけれど、なんだか凄い」という体験によって「拡散的思考」を得ることができます。そしてこの体験は、知識を一方的に授けるトップダウン形式の教育ではできない部分です。

「教育の視点をもつこと」

子どもは環境条件に強く支配される特徴があり、その環境から自分の力で抜けることができないことを中沢和子は『イメージの誕生』で指摘しています。つまり子どもたちにこれらの新しい体験をしてもらうには、何らかの外部からのサポートが必要です。その役割が、外部からやってくる実演家です。つまり芸術家が行くといっても、そこは「教育の場」なのです。実演家は本物の芸術家であるだけではなく、教育のセンスが必要なのです。昔の演劇人の中には、「自分の劇団でやっている稽古を、そのまま学校で子どもたちにやらせる」ということもあったようです。ここでの大きな問題は「目的が違う」ということです。劇団の稽古は「いいお芝居をつくること」が目的です。しかし学校での教育は「いい作品をつくること」が目的ではなく、子どもたちに何らかの学びを起こすことです。主体は「子ども」であり、これは「教育」なのです。さて「教育にはさまざまな方法があり、学校での学びを「フォーマルな学び」といい、それ以外での学びを「インフォーマルな学び」といいます。学校に行くということは、「フォーマルな学び」の場所で活動をするということです。この事実をまず理解することが大事です。

「フォーマルな学び」の場に介入する場合、大事にしなくてはならないことは、大きく分けて二つです。一つは先生や学校との協力的関係づくり。二つ目は子どもたちへの教育的関わりです。

先生や学校といい関係が築けるからこそ、子どもたちは安心して実演家の授業を受けることができます。先生方が「批判的」に場にいると、そのムードが子どもに伝わり、こちらの意図は伝わりづらくなります。まずは事前に、しっかりこちらの意図を説明し、先生や学校側とコンセンサスをとり、また「精神的にも信頼関係」を作ることが大事です。(ただし、これは先生の言いなりになることとは違います。)

この信頼関係を作るときのポイントとしてアドバイスをするとしたら、それは「授業案」をきちんと作ること。目的を明確にして、しっかり先生や学校側に説明ができることです。実演家の中には、「目的はありません。プロセスを大事にします。結果は問いません」という方もおられるようですが、これでは教育現場の人たちを納得させることはできません。教育現場には教育現場用語を使い、相手に信用されるようにしなくては、逆に「この人に任せていいんだろうか」と不安を与えてしまいます。

授業案や内容をどう作るかという問題も、実演家の悩みとしてあるようです。ここではあまり述べませんが、ひとつ大事なポイントを述べるならば、「かならず目的から考えること」です。実演家にはプログラム作成時に「何をやるか。

どんなゲームをやるか」などコンテンツから考え始める人も多いようですが、しかしこれだと「学び」ではなく、ただ「楽しかった」という感想しか出ないような体験になってしまいます。これなら学校で行う必要はありません。学校外の時間に「レクリエーション」をやるのと同じことです。

さてもうひとつ、「ファシリテーターとしての能力をもつこと」について述べます。ファシリテートとは、参加者にはもともと力が備わっていると考え、その力が発揮できるようにサポートする役割です。つまりトップダウンで知識を教えこむのが先生の方法だとしたら、ファシリテーターはサポート役として、主役である子どもたちが力を出せるように促すボトムアップの方法をとります。そして学びにおいて、このファシリテーターのような「ものごとの進め方」が非常に大事になります。ファシリテートすることと、演劇創作とはまったく別の作業です。

ここでファシリテーションの位置づけについて、簡単にご説明しましょう。人間の人生軸（昨日―現在―明日）を考えたとき、学校教育で大きく欠落しているのは「今」という時間だと茨城大学の心理学教授正保春彦先生は述べています。現在子どもたちは「将来のため」に勉強をします。その知識はすぐに役立つものではありません。そして昨日まで、つまり「過去」に学んだことをテストによって評価されます。「将来」と「過去」のインプットとアウトプット。その繰り返しです。このように、大人は（先生も含め）、子どものためを思うあまり、彼らの「将来」や「過去」に意識が向きすぎているため、子どもたちの「今できること／今感じていること」は無視され、将来と過去のために犠牲にされていると警告します。

この問題を解決して「今持っている力を使う」環境を創りだすためには、非日常の存在である外部の人間が、ファシリテートを意識しながら、場を進めていく必要があります。それは「今の子どもたち」に関わる手法であり、「今の子どもたちが、今もっている力を発揮できる」場を保証することができるからです。

さて紙面が少なくなってきました。ここからは実践家のみなさんへ、わたしがお伝えしたいことを述べます。実演家は言葉にできないこと、目に見えないことを「感覚」で表現するのが仕事のようなものですので、自分が行うことの意味を「言葉」で説明するのが下手ですし、もしかしたら、言葉にして説明する自体を「野暮だ」だと思っている方もおられるかもしれません。しかし（厳しく言えば）、だとしたら学校に出向く資格はありません。劇場で自分の演劇をやっていればいいのです。言葉で説明できない世界は劇場で実現できるかもしれませんが、学校へ出向くのなら、自分たち流の言語ではなく、相手の言語でコミュニケーションをする必要があるのです。

学校で演劇教育を行いたいのであれば、学校の言語で話をするのが礼儀です。そのために「教育」のことや「学校」という仕組みも理解すべきです。演劇では劇場のルールがあるように、学校には学校のルールがあるのです。そしてそれと同じぐらい大事なことは、自分の芸術家の部分を大切にすること。ここがあるからこそ、学校では出会えない出会いを演出することができます。

またここではプログラムづくりについては「目的を設定すること」しか述べませんでしたが、この先に具体的なプログラム作りや、当日の対応の仕方など、ワークショップを行うためには、たくさんの知っておくべきことがあります。それらは未開発な部分も多く、切磋琢磨していかなくてはなりません。

最後にお伝えしたいことがあります。この文章を書くにあたって、昔の資料をひもときました。すると演劇教育については、すでに優れた資料がたくさんあり、熟達者からの経験談もたくさんありました。しかし私たちがそういう知識を知らないのはなぜでしょうか。それは単純に「勉強不足」です。もっと勉強しなくては。また実践については、現場に行くまえにもっと練習しなくては。

そのためにネットワークをつくり、話しに行く、話を聞きにいくという伝承や、知見や体験を積み上げることを考えていく必要があるのではと感じています。

（二〇一四年二月二十六日の研究会のための討議用資料に加筆）

あとがき

本書は、ワークショップのファシリテーターをやってみたい方／やっているけれど上手くいかずに悩んでいる方／さらにスキルアップしたい方を対象に、インプロを応用したワークショップの実践記録とファシリテーターの「秘密技」を公開し、ファシリテーションのＨＯＷに応えようとしたものです。

本著の第1章は二〇〇五年に作成したＤＶＤが元になっています。このＤＶＤは、インプロのワークショップがどのように行われているかを知ってもらうために、参加者に同意してもらって実際のワークショップ風景を撮影編集したもので、今は絶版になっています。当初本著は、このＤＶＤを文字起こしして編集するだけの内容にする予定でしたが、どんどんボリュームアップしてここに至ります。ここにはワークショップの背後にあるファシリテーターの目論見（秘技）や、インプロについての考え方、ワークショップ全般についての知見、実践者が知っておくと便利なアカデミックなトピックなどを付け加えました。あとがきとして、なぜ本著がこのような内容になったのかという経緯をここに残したいと思います。

Impro Theatre, Improvisation, Impro, Impov と呼ばれる面白いものに魅せられて二十年以上がたちました。英語のImproという言葉をカタカナ表記で「インプロ」として国際演劇見本市に出展したのが一九九五年。ここで初めて日本語としての「インプロ」が誕生しました。そして二〇〇二年に日本で初めてのインプロに関する著書『インプロゲーム～身体表現の即興ワークショップ』を出版させていただきました。その頃は「インプロ」という言葉は全く知られていませんでしたし、海外ではロングセラーの、ヴァイオラ・スポーリンの『Theatre Game』やキース・ジョンストンの『Impro』でさえ、日本にはまだ翻訳されていませんでした。

しかし最近では「インプロ」という言葉も、ずいぶんと巷で耳にするようになり、さまざまな著書が出版され、インプロを学ぶ人も増えてきました。特にインプロのゲームやトレーニング方法は、教育／福祉／ビジネス分野の人々に応用されるようになりました。インプロのゲームは簡単に使えて、楽しくて、盛り上がる。特にアイスブレークには最適と言われます。しかし逆に「ただ楽しいだけ」「どのような教育的意味や効果があるか分からない」「ファシリテーターから楽しまなくてはいけないという雰囲気を押し付けられて苦痛だった」など否定的な声を聞く時もあります。さらにインプロを使っている人たちの中には「インプロ」＝「ゲーム」と勘違いしている人たちや、インプロをやったことがないまま、本を見ながら指導してみてうまくいかないという人もいるようで、そのような方々が私のワークショップに来てくださるようになりました。私はどうしたら、インプロを使ったワークショップの質が高まるか考え始めました。

インプロのワークショップを考えるときに、無視できないのは「ワークショップ」そのものについてです。「インプロ」という言葉以上に、「ワークショップ」という言葉はよく聞かれるようになりました。大学機関でワークショップをデザインする養成機関が設立されたり、民間でファシリテーター養成講座が開催されたりして、ワークショップをやりたい人もワークショップも増えました。また著作物も、実践記録からアカデミックな知見を集めたものまで、さまざまなものが出版されるようになりました。そしてここでも、インプロを使っている人たちと同じような悩みを聞くことが増えました。それは「学んだことと現場の違い」です。実際のワークショップの現場は、習ったケースと違います。想定した参加者の様子と実際も随分と違うはずです。ここに戸惑ってしまう人たちが多くいらっしゃることが分かってきました。

さらに私は現在（二〇一六年）東京大学大学院で「インプロ」や「創造性」の研究をしています。現場で得た知見を、アカデミックな視点で解き明かしたいというのが理由です。

アカデミックな世界に入って分かったことは、アカデミアと現場の乖離です。例えば出版物に関して。研究者は巷のインプロ関係本について「理論的背景がないマニュアル本ばかり」と、批判的な評価をすることが多いようです。しかし実践者にとっては「我々には時間がない。つべこべ言わずに、使えるネタやマニュアルが欲しいのだ！」という気持ちが現実的です。逆に現場で活動している実践者にとって、学術的論文は「難しすぎてよくわからない。実世界では使えない」というものだったりします。しかし研究者は「このような本質的なことを知ることが、最終的には世の中を良くするためには必要なのだ」と熟考しているのです。両者はおそらく車の両輪のようにバランス良く必要なものだと思うのですが、どうやらお互いに毛嫌いしている感があります。両方の世界を垣間見て、その良さを知る自分としては、この乖離に橋をかけたいと思うようになりました。

そして両者に共通して欠けている点があることに気がつきました。それは「何をやるか」「なぜやるか」においては両者とも興味があり考えているけれど、「どのようにやるか」という点が抜け落ちていることです。

例えば、最近増えてきたインプロを用いた学術的研究では、参加者への効果に着目した研究が多く、「どのようなファシリテーター／指導者が、どのようにファシリテート／指導したか」という点については、ほとんど研究がなされていません。「同じ教材を使っても、誰がどのようにやるかによって、参加者の学びは全く変わってしまう」という、現場の人間なら当たり前に知っていることを、研究者は見落としています。また「ネタ」を求める実践者も、大事なのは実はネタではなく、どのようにそれを使うかという点なのだということを見落とす傾向があります。

この問題の解決が難しいのは、ファシリテーションは、やる人間の経験値に委ねられており、時間とともに消えてしまうからでしょう。可視化、マニュアル化、再現化が極めて困難です。しかし現場の実践者としては、ワークショップ中にさまざまなことを考えているのは事実です。例えば予定している筋書きや目的を忘れないようにしながらも、現場の参加者や起こっていることがらにアンテナを立て、情報を収集し、相手にリアクションをします。必要ならば、相応しいであろう流れやエクササイズへと直観的にプランを変更し、次のプランを設定します。このように実際には、ファシリテーターのHOWは存在するのです。

このHOWをどのように抽出して文章化するか。これが本書の大きな課題でした。表面的なワークショップの構造や理論的背景ではなく、「生身の参加者」に対してどのように関わったら効果的なのかという「テクニック」であり「対処方法」つまり熟達したファシリテーターの「秘技」とも言えましょう。しかし熟達したファシリテーターやワークショップの指導者は、なかなかその「秘技」を披露してくれません。それを教えてしまったら、自分の食い扶持がなくなるかもしれませんから、それは当たり前のことです。そこで僭越ながら、絹川の実践をたたき台に、ファシリテーターがワークショップ中に「決して参加者には言わないけれど、工夫している点」を包み隠さず書き記すことにしました。

私としては、大事な商売道具の種明かしとなりますので（マジシャンが手品のネタを明かすのと同じように）、この先商売をやっていけるのかどうかちょっと心配になりますが（苦笑）、一般的に行なわれているファシリテーションやインプロを応用したワークショップの質向上を考えると、そんなセコイことは言っていられないなと思っています。

我々ファシリテーターが、インプロを使って（つまり指導方法も即興的）、どのようなことを考え、意識して、ワークショップを進めているか。もちろんこれは、あくまでケーススタディなのですが、ここから新たな議論が展開することを期待しています。そしてファシリテーション、ワークショップ、インプロをキーワードに活動する方の、少しでもお役になれば、こんなに嬉しいことはありません。

なお我々の実践や研究は、これからも続きます。
ぜひこれをご縁に、皆さんのご感想をいただければと思います。
また体験談や知見もシェアしていただけると嬉しいです。

二〇一七年一月

絹川友梨
yuri@impro-works.com

▼インプロを応用している人々のための国際ネットワーク、Applied improvisation Networkの日本グループを、フェイスブック上に立ち上げました。「応用インプロ・ネットワーク・ジャパン」で検索してください。

絹川 友梨 きぬがわ・ゆり

玉川大学文学部芸術学科演劇専攻中退、玉川大学教育学部教育学科卒業、オークランド大学院芸術学科修士課程卒業(首席)。東京大学大学院学際情報学府博士課程所属。

インプロ・ワークス株式会社代表取締役。

インプロヴァイザー。俳優。ワークショップファシリテーター。

劇団遊◎機械全自動シアターで、飯島由美として数々の舞台に出演。退団後、俳優として、舞台・TV・映画など、国内外で活躍中。主演映画「メモリーアンド・ディザイアー」(日本未公開)で、ストックホルム国際映画祭にて主演女優賞受賞。ニュージーランドにてベスト外国人パフォーマー賞受賞。

1994年にインプロに出会い、1996年、日本にインプロを紹介するために「インプロ★ワークス」を設立。大人から子どもまで、俳優志望者のインプロ・ワークから仲間づくり、コミュニケーションのレッスンまで、幅広い枠での即興・表現ワークショップを国内外で行っている。

玉川大学非常勤講師、桜美林大学非常勤講師などをつとめる。

著書に『インプロゲーム—身体表現の即興ワークショップ』(晩成書房)、『気持ちが伝わる声の出し方』(角川書店)、共訳書に『ザ・オーディション』(フィルムアート社)などがある。

イラスト——小里 歩

インプロ ワークショップの進め方
——ファシリテーターの考えること

二〇一七年 一月二五日 第一刷印刷
二〇一七年 一月三一日 第一刷発行

著　者　絹川友梨
発行者　水野 久
発行所　株式会社 晩成書房
●〒101-0064 東京都千代田区猿楽町一—四—四
●電　話　〇三—三二九三—八三四八
●FAX　〇三—三二九三—八三四九
印刷・製本　モリモト印刷株式会社

乱丁・落丁はお取り替えします
ISBN978-4-89380-468-6 C0074
Printed in Japan

インプロゲーム

身体表現の即興ワークショップ

絹川友梨 著●３０００円＋税

ISBN978-4-89380-267-5

即興で表現を楽しむインプロゲーム。
演技の基礎として大切な感覚を楽しく身につけるゲームを、
系統的に集めた基本図書。
コミュニケーション感覚を育てるレッスンとして、
さまざまな場面に広く応用できるゲームを満載！

晩成書房

〒101-0064 東京都千代田区猿楽町 1-4-4
TEL03-3293-8348　FAX03-3293-8349
http://www.bansei.co.jp